D0594969

FRAGMENTS
D'UNE ENFANCE

Nouvelles et romans

MATER EUROPA
Montréal, Cercle du Livre de France/Paris, Grasset, 1968.

LE MANTEAU DE RUBÉN DARIO
Montréal, H.M.H., 1974.

LES PAYS ÉTRANGERS
Montréal, Leméac, 1982.

LE DÉSERT BLANC
Montréal, Leméac, 1986.

ENTRE TOUTES LES FEMMES
Montréal, Leméac, 1988.

Poésie

ASIES
Paris, Grasset, 1969.

PETITS POÈMES PRESQUE EN PROSE
Montréal, Leméac, 1984.

LE PRINCE DIEU
Montréal, Leméac, 1984.

Essais

EXILS
Montréal, Presses de l'Université de Montréal, 1965.

SIGNETS I et II
Montréal, Cercle du Livre de France, 1967. (2 vol.)

SIGNETS III LA CONDITION QUÉBÉCOISE
Montréal, Cercle du Livre de France, 1973.

OZIAS LEDUC, dans OZIAS LEDUC ET PAUL-ÉMILE BORDUAS
Montréal, Presses de l'Université de Montréal, 1974.

DICTIONNAIRE DE MOI-MÊME
Montréal, Éditions La Presse, 1976, Leméac, 1987.

AUTOUR DE BORDUAS
Montréal, Presses de l'Université de Montréal, 1977.

VOYAGE D'HIVER
Montréal, Leméac, 1986.

Jean Éthier-Blais

FRAGMENTS D'UNE ENFANCE

LEMÉAC

Maquette de la couverture : Tibo
Photographie de la couverture : l'auteur à l'âge de six mois.

ISBN : 2-7609-5126-X

Imprimé au Canada

I

Je vins au monde un 15 novembre, à l'enseigne du Scorpion. La maison où je suis né est toujours là, mais, le progrès aidant, elle a perdu sa galerie, s'est transformée en cage à lapins où s'agitent plusieurs familles. À l'époque, elle était toute blanche. Nos voisins immédiats s'appelaient Laborie, famille nombreuse dont les frasques et les expressions bizarres se sont glissées dans notre folklore familial; ainsi, Mme Laborie n'était heureuse que lorsque le bulletin scolaire de ses enfants proclamait qu'ils étaient les «premiers en tête» de leur classe. Un autre voisin, l'avocat Gillion, s'avisa un beau matin qu'il en avait assez de la vie et, au lieu de se raser, se trancha la gorge. Enfant, j'imaginais des fleuves de sang, les cris de la femme, les enfants désemparés. En réalité, la mort de son mari ne secoua pas indûment Mme Gillion; atteinte de la folie des grandeurs, elle attendait, avec une impatience qui allait croissant, une invitation à se présenter à Spencer Wood (palais du lieutenant-gouverneur du Québec) pour y faire fonction de dame d'honneur. Quand, se demandait-elle, quand donc viendra se ranger devant ma porte la voiture armoriée de la Cour? Elle voyait les uniformes chamarrés, les rangs de perles, les robes à traîne, les longs gants de chevreau. Cette invitation se faisant par trop lointaine, elle déraisonna tout de bon. Des policiers et un médecin se saisirent de sa personne et l'emmenèrent à l'asile de Mimico. Ce nom sauvage hanta mes nuits et pendant longtemps, j'ai eu peur de devenir fou à mon tour. Aujourd'hui encore, plus je suis lucide, plus je crains. On racontait que dans son asile, Mme Gillion donnait audience à ses visiteurs comme d'un trône. De dame d'honneur, elle était devenue impératrice et reine, maniant sceptre et orbe. Sa fille était une grande amie de notre nichée. Sa mère l'appelait Mignonne : nous la connaissions sous le nom de Mionne. Elle vécut une vie calme, employée à la municipalité, s'occupant de son frère, de sa sœur, tous deux bizarres à leur façon et puis, un jour, sans crier gare, à plus de soixante ans, elle se pendit dans un placard. Je me souviens de son calme sourire et de sa coiffure. Le sourire demandait le pardon ; les cheveux, séparés au centre du crâne par une raie bien droite, étaient nattés en macarons qui recouvraient les oreilles de Mignonne. Elle mourut, les ayant encore, quoique étiques.

Avant moi, ma mère avait eu neuf enfants. De nature vive, impérieuse, têtue, elle s'en tint à une résolution prise il y avait belle lurette, et m'imposa le sein. Son lait n'avait du lait que le nom. Je hurlais de faim. Le temps passait. Ma mère s'entêtait. Sans doute pensait-elle qu'à cet échec on reconnaîtrait qu'elle était devenue une vieille femme. Elle m'obligeait à boire ce liquide dont la transparence bleutée ne faisait qu'aiguiser mon appétit. Pour Noël, mon père revint de ses forêts, entouré de ses hommes ainsi qu'Agamemnon, sûr de lui et de l'autorité de son peu de paroles. Toute une nuit, mes cris l'empêchèrent de dormir. Il tenait à son sommeil. De dernier-né chéri, j'étais devenu un monstre. Aux aurores, il se lève, va au magasin le plus proche, en rapporte une bouteille, une suce, fait bouillir du lait, y mêle de l'eau et du sucre et me sert ce liquide tiédi. Mes petites mains s'emparent de la bouteille, je tète désespérément, mon ventre se gonfle pour la première fois, la bouteille vide me tombe des mains, je sombre dans le sommeil. En six mois, je devins un enfant énorme, aux yeux éveillés, au corps trop lourd pour les jambes, au sourire épanoui, suivant maman partout du regard. À la faveur d'une absence de nos parents, mes deux sœurs aînées m'amènent à l'exposition annuelle, mi-agricole, mi-technique, qui se tenait chaque printemps dans notre ville. On y décernait le prix du plus bel enfant.

Mes sœurs m'avaient attifé. Elles me présentent au jury qui ne fait ni un ni deux et me couronne. J'ai la photo de moi en triomphateur, l'air content de vivre, rond, bien dans ma peau. Mes yeux sourient. Ils interrogent ce monde autour de moi. Ma bouche est entrouverte, sur le point de pouvoir parler. J'ai la tête recouverte d'un bonnet blanc de fine laine crochetée. Je porte une robe brodée, blanche elle aussi ; le tout recouvert d'une cotte et d'une collerette. On ne voit rien de moi, sinon un visage en paix avec lui-même, bien qu'un peu ahuri. Mon bonnet est retenu par un vaste nœud de mousseline qui forme nuage devant ma rondelette personne. Qui suis-je ? Un enfant heureux, de toute évidence, bien que je croie que de l'œil gauche, je louche. C'est possible, car mon œil gauche m'a toujours donné du mal. Avec sa vision réduite, il m'a obligé, dès l'adolescence, à porter lunettes. Le petit garçon qu'on a couronné — ou qui va bientôt l'être — se fiche de son regard. Ses joues sont si gonflées qu'elles font pression sur l'œil, d'où ce léger strabisme. Dans l'appareil, il fixe le petit oiseau. S'envolera-t-il?

Je retourne souvent à Sturgeon-Falls, où j'ai encore des parents ; où mes père et mère, ma grand-mère, l'un de mes frères sont enterrés. À chaque visite, j'accomplis le pèlerinage du cimetière. Je descends la grand-rue, traverse la voie de chemin de fer, me rends jusqu'à la rivière, à son quai vermoulu, remonte la pente, tourne à gauche au milieu des maisons, le cimetière n'est pas loin. La tombe de mes parents est simple, recouverte de gazon, l'été, de neige, l'hiver. Leurs noms, des dates. Une pierre dans le sol porte le prénom de mon frère, Alphonse. Je me redresse devant cette tombe et m'offre à mes parents tel que je suis. Tel qu'ils m'ont fait, sans honte et sans gloire. Je suis devenu ce qu'ils auraient aimé que je devienne : un écrivain, eux qui aimaient notre langue, heureux s'ils savent que je la manie dans l'affection et le respect.

Devant moi, par-delà la croix qui veille sur les cœurs dissous, ma ville natale. Derrière moi, la plaine issue des Laurentides s'étend jusqu'au lac Nipissing, créant l'impression de vastitude. Elle est entrecoupée de bois maigres, aux abords desquels sont des maisonnettes, mi-habitations d'été, mi-d'hiver. Le ciel y est souvent bas. Mais comme il s'étend loin ! On dirait qu'il n'aura pas de fin, avec ses nuages qui s'effilochent, animés par les vents. La présence du lac se fait partout sentir : dans l'air mouillé que nous respirons, dans l'espace qu'il occupe et suscite autour de lui, dans le mouvement de la rivière, dite de l'Esturgeon, qui se jette en lui noblement, par un delta marécageux. Le lac! Il a occupé dans mon enfance une place royale. Car c'est un roi qui commande, auquel il faut obéir. Je suis allé à Trézène. Du château de Thésée, on voit la plaine et la mer; Hippolyte s'exerça aux armes sur cette plage et y mourut dans le sable. J'y ai ressenti la même émotion que lorsque paraît à ma vue le lac de mon enfance. Un sentiment tragique s'empare alors de moi. L'espace terrestre va à la rencontre du ciel, il court vers lui pour se perdre dans les eaux. Temps et distance s'abolissent. Ne reste que la présence, comme une bête, de forces inconnues de la nature.

Les maisons de ma ville étaient de brique ou de bois. Sauf notre église, je n'ai vu construits de pierres, que des monuments publics, et encore, pas dans notre ville, mais dans une espèce de chef-lieu, gare de triage, situé à 40 kilomètres. Les maisons se ressemblaient toutes, en rangs d'oignons, parfois les unes sur les autres, séparées par de minuscules jardins-potagers. Nous possédions deux lots, notre maison au bout de l'un, ce qui nous donnait, du côté de l'église, un dégagement où se trouvaient le potager, une allée où se promener et, surtout, un joli gazon sur la rue, que je voyais du haut de mon grenier de liseur et qui me reposait l'œil entre deux descriptions de duels. Certaines des maisons étaient grandes, entourées de galeries, comprenant salons, fumoir, bureau, salle-à-manger, cuisine, remises et d'innombrables chambres avec, en général, une seule salle de bain. Le chauffage était au mazout et j'entends encore ma mère, au moment de monter se mettre au lit, dire à l'un d'entre nous d'aller baisser le chauffage.

Notre maison me paraissait immense et je m'étonnais de la petitesse des autres. On y pénétrait par une petite galerie voûtée, presque invisible de la rue, où nous nous tenions volontiers les soirs d'été. Sans le dire, cette galerie nous servait d'observatoire. J'aimais m'asseoir sur les marches de ciment, m'appuyer au mur, écouter maman et mes sœurs, et soudain : Tiens ! voilà Ernestine — et ma tante adorée s'avançait de son pas rapide, marchant du talon, toujours élégante, avec son sac au bras. Elle s'asseyait et l'énoncé des vraies nouvelles commençait. J'avais horreur d'aller me coucher, de laisser inachevées toutes ces belles histoires, de les quitter en pleine parturition, d'en laisser la conclusion à d'autres. — Je veux entendre la fin ! — Et maman de me dire : — Il n'y a jamais de fin ! Je disais donc : Bonsoir ! Bonne nuit ! mais j'avais envie de pleurer. Qu'est-il arrivé au fils de Mme Prudhomme, à la tête d'eau ? Comment s'est terminé le voyage à Montréal de ma cousine Diane ? J'apprenais ces détails le lendemain, mais ils ne m'intéressaient plus. Je les aurais voulus sortant chauds du four.

Nous franchissons le seuil. C'est un salon avec cheminée, qui donne sur un couloir où se trouve l'escalier, encastré dans le mur. Devant la cheminée, un canapé, deux fauteuils ; derrière le canapé, une table étroite recouverte de livres, de journaux, de revues, de fleurs de saison. À gauche de ce salon, le boudoir, où se trouvaient le piano et un charmant ensemble de cuir bordeaux à coussins de velours marron. Les fenêtres de ce boudoir donnent sur la grande route. À droite du salon d'entrée, à cheminée, un autre salon, dit bleu, où maman recevait au bridge. C'est là que mes sœurs accueillaient leurs soupirants, moi duègne. Après avoir traversé le salon bleu, en direction de la cuisine, on se trouvait dans une autre grande pièce, qui était notre living.

Derrière ce living, la cuisine, la galerie qui donnait sur le potager et le gazon arrière, sur la Croix de Jacques Cartier, sur la ville. Attenante à la cuisine, aussi vaste (ou petite) qu'elle, la salle à manger dans laquelle débouchait le couloir de l'escalier. C'était une maison où l'on pouvait se tenir ensemble, à bavarder, et si le désir vous prenait d'aller lire ou de faire du piano, vous partiez en solitude. J'ai eu droit dès l'enfance à cette liberté. Je n'ai jamais voulu la perdre, la considérant comme le plus grand et le premier des biens.

Au faîte, le grenier. Sous terre, la cave et sa déesse protectrice, Mme Laflèche. Et là-haut, les chambres.

Telle était notre maison.

Je ne sais si les objets qui m'entouraient étaient beaux ou laids. Il m'est resté de tout cela une lampe, de style chinois, qui se trouvait dans le hall du premier, lieu de passage sur lequel s'ouvraient toutes les chambres. Maman affectionnait cette lampe, qu'elle allumait, avant que le jour ne se lève, car elle descendait tôt au jardin, y voir à ses fleurs. J'ai aussi un service de six couteaux, fourchettes, cuillères, délicats objets et charmants, de fabrication anglaise. Tout ce que nous achetions venait d'Angleterre ou du Canada anglais. Le goût britannique triomphait totalement et en ceci nous ne différions en rien de nos compatriotes.

Nous avions des tableaux, des gravures, des photos, partout. Dans ma chambre, plus tard, Hertel à sa table de travail. Je tiens de mes parents le goût des murs couverts de cette matière vivante, prête à bondir. Les paysages représentaient des scènes d'hiver ou des sous-bois des environs, avec leurs mystérieux sentiers. L'une de mes sœurs avait pris des leçons de dessin et de peinture. Une boudeuse de sa main nous charme encore, lorsque nous nous retrouvons entre nous, ainsi qu'une scène de neige. Les mauvaises langues nous faisaient rire lorsqu'elles affirmaient reconnaître la main du professeur, son coloris, dans un détail particulièrement réussi. Nous partagions ce doute, peut-être à tort. Il n'aurait jamais été question d'acheter une toile à Montréal ou à Ottawa ; nous ne connaissions, du reste, aucun peintre. Il fallait donc nous rabattre sur les objets domestiques, vaisselle, nappes, serviettes, lampes, ameublement. Tout cela était de la plus haute qualité, sans être ostentatoire. Parfois, un marchand ambulant venait sonner. Il offrait des nappes, des tapis, des draps. Maman prisait surtout le travail irlandais, festons rouges sur une toile coquille d'œuf. Elle aimait marchander. Cela pouvait durer longtemps. Le moment venu où elle l'avait emporté ou avait compris qu'elle ne pouvait aller plus loin, elle se levait, allait à son écritoire, et c'était le rituel du chèque. Elle signait, de sa belle écriture. Une autre nappe allait, dans un tiroir, rejoindre ses pareilles, en vue d'un problématique banquet. À sa mort, on trouva ces beaux objets vierges dans un placard et on les vendit à vil prix.

II

Je commence par la recherche du premier souvenir. Je vois d'abord ma propre mémoire qui tente d'engranger des images. Comment faire? se dit-elle. L'enfant que je suis sait que l'événement qu'il vit constituera la première étape d'un voyage mais il lui manque ces repères que sont les mots. Il s'accrochera donc à des sensations, à des couleurs, au mouvement de la vie, à l'odeur des êtres qui l'entourent. Venons-en au fait. Je suis dans un panier d'osier. Une couverture me recouvre. On me porte. Qui? Sans doute une servante et l'une de mes sœurs. Nous descendons un escalier, en sorte que mon panier n'est ni à l'horizontale, ni à la verticale. Je vois déjà le monde de travers. Il se présente à moi de façon ambiguë. Je consacrerai ma vie à rétablir l'équilibre de cette vision.

Nous sommes en septembre 1926. Nous déménageons dans la maison qui sera celle de mon enfance et de ma jeunesse. Ma sœur et la servante Ida me descendent à la cave sans doute parce qu'il fait chaud et que cour et maison sont encombrées de meubles et de colis. Dans mon panier, je me laisse doucement, paisiblement porter vers la moiteur de la terre sombre. Je ne vois pas les marches, mais sur la droite, une étagère en saillie où se trouvent balais, seaux, objets de ménage. Nous descendons. À gauche, l'escalier donne soudain sur un trou béant

17

qui devient une cave immense. Dans notre maison, c'est à la cave et au grenier que ma conscience a le mieux entendu son écho. Les salons du rez-de-chaussée, les chambres, c'est la famille. La cave et le grenier, c'est moi. Dans mon panier, j'entends le babil des deux femmes. Je suis un précieux fardeau, le dernier-né, le dernier des derniers. Je suis le point final de cette phrase baroque qu'est ma famille. Je suis rond de graisse, ma petite tête comme un boulet, mes yeux éveillés, les joues qui rebondissent, hilare, bien nourri, ne sachant pas pleurer, mes doigts boudinés traçant dans l'air des signes cabalistiques. Voilà la littérature. En réalité, j'étais un enfant gras et agité, que tout enchantait parce qu'il avait le ventre plein et qu'il n'entendait que des mots d'amour. Ma sagesse était d'être heureux.

Cette descente cérémonieuse dans la cave a-t-elle un sens? Pourquoi en ai-je retenu le cortège? Les personnages : trois. Ma mère est absente. Je ne dis pas mon père, car sa figure se fait déjà lointaine. Mais maman? Elle vaquait à ses travaux, commandant les uns, dirigeant les autres, obtenant que tout se passe sans heurts. C'était son secret. À descendre, nous fûmes trois, je le maintiens. Ma sœur. Laquelle? Aucune d'elles ne se souvient. Elles trouvent incongru un événement qui me paraît capital. Étais-je une incongruité? Elles obéissaient. Je prenais, pour la première fois, conscience de l'univers. La différence est sensible et explique qu'elles oublient et que je me souvienne. Ç'aurait pu être deux servantes. Nous entrons alors dans un tableau de Véronèse, où les domestiques sont innombrables et servent de décor. Nous n'avions qu'une servante qui prenait sa part des travaux domestiques. Je me souviens d'Ida parce que je l'aimais. Plus tard, au coin du feu, elle me permettra de porter ma tête sur sa poitrine et d'accéder à un premier nirvana. Elle était de formes amples et son rire se perdait au creux de sa gorge. Je l'entends encore, chargé d'harmoniques qui se déroulaient voluptueusement. Entre sa poitrine où s'enfonçait ma tête et son rire, il y avait un lien dont mon enfance ignorait la nature, mais dont l'existence me paraissait naturelle. Il me semble séant qu'elle m'ait porté dans cette descente orphique.

Au fond de ce panier, j'ai toujours reconnu Moïse. Lui aussi fut porté jusqu'au Nil par une servante. Lui aussi connut l'obscur. Et pour arriver au Nil, ne dut-il pas descendre des marches? Ne le transporta-t-on pas nuitamment? Je ne suis devenu prophète que de moi-même. Ni tables dans ma vie, ni buisson ardent. L'image d'un Moïse vieillissant, rendu amer par les déboires, ne me touche guère. Mais je suis sensible à son départ sur les eaux, à ses narines qui frémissent en respirant un air lourd de boue et de sel. Moi aussi j'ai respiré, dans cette cave noire, l'humidité qui suinte. Je vois là le début du mouvement d'imagination qui m'a sauvé. Après avoir appris qu'existait cet univers de solitude, comme Moïse, je suis remonté à la lumière, mes yeux ont vu, comme les siens, le visage aimant d'une femme. La sienne était fille d'un pharaon. Elle lui servit de mère. Ce qui, dans tout ceci, importe à nos yeux, c'est que, dans son panier, l'enfant devine, il sait même, de science certaine, que la lumière jaillira, que son regard rencontrera celui d'une femme généreuse et aimée. J'irai plus loin. Je me souviens de ce premier épisode parce que tout mon être y retrouve un rite initiatique. Lequel?

Que d'autres souvenirs pourraient remplacer celui-ci! Moi qui ai la passion des fenêtres, pourquoi ne suis-je pas un petit garçon qui court pour la première fois vers une fenêtre fermée afin d'y appuyer son front? Non, je suis prisonnier de mes langes et du gouffre. Déjà, souhaitais-je retourner au sein maternel? Que figure cet antre où l'on m'entraîne? Me suis-je senti rejeté? Je ne le crois pas. Au contraire. Il m'est souvent venu à l'esprit qu'en me transportant ainsi vers les enchantements du vide que figurent les entrailles mêmes de la terre, mes porteuses obéissaient à un secret désir en moi. L'enfant dans ses langes imposait sa volonté à des femmes rieuses et insouciantes. Né sous le signe du Scorpion, j'allais vers des lieux où ma nature peut le plus naturellement se donner libre cours. Plus tard, lisant Racine et son maître Euripide, je guettais le moment où, dans la prière, un personnage fait appel aux dieux souterrains. Il m'apparaissait que cet appel du divin, issu des gouffres, m'était aussi adressé. Je ne crois au Ciel que par nature seconde. Lorsque Jésus s'élève dans les airs pour disparaître dans les cieux, je suis peu ému; combien plus me touche le fait qu'à peine ayant pris place dans son tombeau, porté par des femmes, il ait choisi de descendre chez les morts, de libérer ces Enfers où sans doute, par anticipation, je me trouvais déjà, au milieu des hôtes mélancoliques.

L'enfant que je fus oublia, bien sûr, ce premier voyage. Plus tard, les pas dans l'escalier me revinrent. Je les entendis d'abord, avec les voix joyeuses des deux femmes. Aussi ne trouvé-je rien de plus enivrant que d'entendre rire des femmes heureuses. Je suis revenu de beaucoup de choses, non pas de cela. J'aime que le rire se bouscule dans la gorge pour se terminer par un roucoulement. Mes suivantes riaient sans doute de la situation où elles se trouvaient, l'une précédant l'autre avec, entre elles deux, ce fardeau que j'étais. C'est leurs pas que j'entends ensuite. Elles s'arrêtent à chaque marche, car l'étroitesse de l'escalier les empêche d'avancer continûment. Moi, incliné vers le sol, je suis l'une et précède l'autre. Enfin arrivés, elles me déposent, non pas à même le sol, mais sur une table. Mes souvenirs s'arrêtent là. Sur une table, un enfant dans un panier d'osier. Que de choses à faire ! Comme la vie est courte ! Au-dessus de lui, les bruits de la maison, qui ne lui sont pas encore familiers. Mais dans son for intérieur, ce petit garçon sait qu'à ces bruits il sera toujours attaché, qu'ils formeront la musique intérieure de son âme. Aussi, leur est-il attentif, et jusque dans son sommeil. Les poings, les yeux fermés, il laisse son imagination errer dans la grande maison.

Il me semble, écrivant ceci, que j'écris à côté du réel. Ce que je raconte est arrivé. Mais je me dis aussi que l'esprit de l'homme est fait de telle sorte qu'il recouvre autant qu'il dévoile. Peut-être ai-je vécu toute ma vie à côté de ma vie même. Peut-être suis-je autre que je ne suis. Mais qu'importe ? Je suis devenu l'homme de ce premier fil conducteur. Ma vraie vie aura donc été une vie à côté. Il fallait, dirait Pangloss, qu'il en fût ainsi. Pourtant non ! Tout me ramène trop, et trop naturellement, à cette vision séminale de moi-même. Ainsi, en décembre 1983, je fis, en compagnie de Claude Thériault, un voyage en Italie. Certaines œuvres répondirent sans ambages à mon attente. Je n'en retiendrai ici que deux. La première est la célèbre Cène de Léonard de Vinci. Je notai ceci dans mon journal : «J'ai eu aussi l'impression visuelle que la toile était peinte sur un plan incliné vers l'avant, comme si le Christ et ses disciples allaient glisser et disparaître dans un gouffre. Cette Cène ne serait donc plus le prélude à une crucifixion, devenue inutile dans la mesure où le Christ l'a acceptée, mais à un départ direct vers les Enfers et le renouveau éternel. Du reste, Jésus est allé aux Enfers. Il a visité les morts et y a recouvré la vie.» Dans ce chef-d'œuvre, je voyais le vide, l'aspiration vers la dissolution dans l'espace et le temps. Peu m'importait que Léonard l'ait ou non voulu ainsi. Ma nature était la plus forte. Quelques jours plus tard, je me trouve à Sienne. Le Dôme, dans sa splendeur marbrée, se dresse contre le ciel au milieu des vents. J'y entre, non point afin d'admirer les triomphes d'Aeneas Silvius Piccolomini, mais pour y suivre avec ferveur, sur le sol, la marche des Sibylles. Elles s'étalent, autour de la nef, réconciliant le christianisme et le monde ancien, entourant l'un de la majesté de leurs sentences, prophétisant l'autre. Celle de Cumes a hanté toute ma vie, à Sienne comme à la chapelle Sixtine, ou fuyant dans la plaine, échevelée, devenue folle, s'accrochant à son dernier rouleau. À Delphes, on la descendait au fond d'un trou où les prêtres lui glissaient les réponses. Elle ne s'en agitait pas moins et vaticinait selon la volonté de ses élans.

Je crois cependant que ce thème de la cave n'aurait eu en moi aucune suite, si, dans mon jeune âge, je ne lui avais laissé prendre forme. La maison installée, nous tous, parents et huit enfants l'ayant adoptée comme nôtre, je grandis, sinon en grâce et sagesse, du moins en pétillement et taquinerie. Dans ma vie d'enfant, il ne s'est rien passé parce que cette enfance, jusqu'au jour où j'ai perdu mon père, a été consacrée au culte du bonheur. Imaginez le dernier enfant d'une famille aisée, mâle qui plus est, pétant de santé, bruyant, aimant tôt la moquerie, courant partout comme vif-argent, gâté comme pas un ; mais, avec cela, d'un tempérament égal, propre, apprenant tout vite et bien et dont les défauts étaient compensés, et le furent tôt, par une passion silencieuse, celle de la lecture. Mes frères et sœurs étaient à mes yeux de grandes personnes ; mon père, un dieu lointain ; j'étais sûr de l'amour que me portait ma mère au point de n'en pas tenir compte.

On accédait au jardin par la galerie de la cuisine. À côté, dans le mur de brique, une porte en demi-cercle, cinq ou six marches de ciment, une odeur de moisi et je pénétrais dans la cave, lieu de mon premier souvenir. J'y allais presque chaque jour, y rendre hommage à son dieu tutélaire, que j'adorais et qui s'appelait madame Laflèche. Elle venait à la maison, bavardait un peu dans la cuisine et puis descendait dans son royaume où l'attendaient la lessive et l'entretien du linge. J'allais l'y retrouver. Le linge trempait dans deux bacs, d'où madame Laflèche le retirait à l'aide d'une baguette. Elle le replaçait dans une machine à laver. Lorsque tout était prêt, elle me faisait signe et j'appuyais sur un déclic qui mettait la machine en marche. Le linge bien lavé et rincé, on l'insérait à plat entre deux rouleaux qui l'asséchaient à demi. Ensuite, on l'étendait sur des cordes où il séchait jusqu'au lendemain. Pendant que la machine s'affairait, madame Laflèche ne restait pas inactive. Dans la chaleur moite, elle repassait aujourd'hui ce qu'elle avait lavé la veille. Le moment était venu de nos innombrables confidences. Nous nous aimions. J'ai oublié ces propos où l'affection avait, j'en suis sûr, la plus grande part. Sans doute me parlait-elle de sa famille, de son mari, de ses enfants. Aussi de ma famille à moi. Elle présentait un miroir à ma sensibilité et à mon imagination. Comme la pythie dans son antre souterrain, madame Laflèche voyait loin. Il était souvent question des jours «où je serai grand». Je sais que je lui promettais mille choses bénéfiques.

Lorsque je serai grand, madame Laflèche, je vous emmènerai avec moi.

Lorsque je serai grand, madame Laflèche, je vous achèterai des dents.

Car madame Laflèche n'avait pas, comme Nausicaa et ses compagnes, des dents perlées. Elle riait. Elle repassait doucement, lentement, d'un geste large du coude. Parfois, ce que j'adorais (et j'attendais ce moment avec impatience), elle crachait sur le fer à repasser pour s'assurer qu'il n'était pas trop chaud. J'écoutais ravi le grésillement de sa salive sur le métal. Madame Laflèche était porteuse d'une sagesse élémentaire qui devient, lorsqu'on l'applique à Descartes ou à Schopenhauer, conception et compréhension de la vie. Elle avait porté à son sommet la science de l'acceptation de tout. Les philosophes voient couler les fleuves et tirent des leçons de leurs flots ininterrompus. Elle vivait au centre même d'un courant, lui aussi sans interruption, mais non point d'une eau majestueuse; un courant de draps, de taies d'oreillers, de dessous, de chaussettes, de braies et de serviettes qui figuraient à son esprit le flux sans cesse recommencé de l'univers. Elle en avait tiré, fer à repasser en main, la même leçon qu'Héraclite. On ne revient jamais tel quel aux mêmes lieux. Elle vieillissait ainsi, humble, courbée et sage.

J'avais huit ans lorsqu'elle cessa de venir à la maison. Mes frères étaient partis au collège; mes sœurs, au pensionnat. Madame Laflèche n'était plus nécessaire. Je n'allai plus à la cave que pour y chercher des confitures. « Tu veux descendre à la cave chercher des pommes? Et profites-en pour monter des confitures!» Que de fois j'ai entendu ces phrases. J'empruntais l'escalier témoin de ma descente en panier. J'accomplissais ma mission et remontais au jour, à la vie, à l'oubli de cette première et forte impression, de cette prise de conscience de moi-même. Il est certain que je suis attiré par la mort et donc, par la tombe. J'ai photographié les pierres tombales de Stravinski, d'Ezra Pound, de Diaghilev, Sainte-Beuve debout sur la sienne, ridiculement rondouillard et entouré de bandelettes. Ma descente en panier, mes longs conciliabules souterrains avec madame Laflèche sont-ils autre chose que des avatars de cette hantise de la mort et du retour à la dernière, et profonde, maison? Pourtant non! Quelles qu'en soient les composantes et les ramifications psychologiques, les souvenirs ont d'abord existé à l'état d'événements. Ils ont marqué mon comportement dans la vie. Ils ont fait de moi, en partie, l'homme que je suis devenu. J'ai été emporté à peine né vers les mystères de Cybèle, cette Terre, lieu de nos heurs et malheurs. Ma sensibilité d'enfant en a frémi. Ma mère m'avait-elle donc abandonné? Quelle autre mère viendrait vers moi, sous les traits d'une déesse de vengeance? Je l'attends toujours. C'est à elles que j'envoie ces lignes, à la mère partie au loin, à la mère qui doit venir. Dans cette terre frémissante, la vieille repasseuse, par ses monologues, a semé le don de parole. Elle a donné à l'enfant que j'étais, son rythme. Poétesse du quotidien, avec le culte de la diction populaire, elle m'a transmis sa vision simple des choses, à laquelle depuis plus de cinquante ans, ma plume ajoute des fioritures.

III

Avant de parler de ma mère, qui est l'espérance de ma vie, je veux dire ce que je sais de mon père. C'est peu de chose. Homme de mystère à mes yeux. Je ne lui pardonne pas sa mort. J'avais huit ans, j'allais me tourner vers lui, *pontifex maximus*, remettre entre ses mains mon destin d'enfant, d'adolescent, d'homme. Et il meurt. Je me souviens de cette nuit comme si elle était d'hier. Une chute dans un vide infini. Mon père, au début de la cinquantaine, est emporté en quelques heures par une angine de poitrine. Ma mère était presque seule à la maison, les aînés étant au collège et au pensionnat. Dans ma chambre, éveillé par le va-et-vient, je savais qu'il se passait quelque chose de terrible. Ma mère était venue me dire de ne pas bouger. J'obéis jusqu'à cet instant où la tension de toute la maison devint trop forte. Il y avait dans l'air des ondes violentes qui tout à la fois me faisaient peur et suscitaient en moi le désir incontrôlable d'en savoir plus. J'entendais, à travers la porte, ma mère qui marchait. On téléphonait. Alors, des hommes sont venus, l'entrepreneur de pompes funèbres, monsieur Théoret, et ses aides. J'ai entrouvert la porte pour les voir passer. Ils entrèrent dans la chambre de mes parents et en ressortirent, transportant mon père mort dans un panier d'osier. Je me tenais le dos au mur, entre ma chambre et l'escalier du grenier. Le cercueil d'osier m'effleura presque. Il emportait cet autre moi que j'aurais pu

27

devenir et que le destin avait interdit à mon père de former. Je rencontre parfois de ses employés, vieux aujourd'hui, jeunes alors, qui l'ont bien connu. Ils se souviennent d'un homme qui parlait peu. Il savait se faire obéir, dans son silence et son secret. Il aimait ma mère, dont il admirait l'intelligence discursive et l'amour des choses belles. Elle avait à ses yeux les mérites d'une vraie femme ; mère de nombreux enfants, elle s'affirmait, taquine et rieuse, bavarde, grande joueuse de bridge, tenant tête au curé lorsqu'il s'agissait de politique, au courant de tout. Avec cela des comptes bien faits, jamais un sou dépensé sans raison, l'art d'habiller les enfants, un goût sûr dès lors qu'il s'agissait de sa propre personne. Mon père était fier d'elle. Lui-même aimait l'élégance. Les rares photos que j'ai vues de lui, sont celles d'un homme qui savait vivre. En 1929 il prit sa retraite. Ma mère et lui voyagèrent. Ils retournaient à Montebello, d'où elle était originaire ; ils faisaient de longs séjours à Ottawa où ils avaient des enfants en pension ; ils voyageaient en voiture, car mon père était féru de conduite automobile. Avec cela, casanier, jamais heureux que chez lui, avec sa femme, attendant des nouvelles des enfants ou la visite de sa belle-mère. Dans son bonheur quotidien, je le soupçonne de s'être ennuyé. C'est lui qui m'a légué ma passion de l'ennui. Il suivait mes progrès à l'école. Je ne me souviens pas qu'il m'ait frappé, non pas même dérangé dans ma routine jeux-lectures.

Il m'était un inconnu. Il l'est resté. En 1933, fatigué d'être sans occupation, il se mit en tête de reprendre ses affaires. Il devinait que la crise économique tirait à sa fin et se préparait pour de nouveaux beaux jours. L'argent allait recommencer à entrer à flots. Trop de soucis, après ces années d'inactivité. Il en avait perdu l'habitude. Il est mort de travail, au mois de mars, dans l'hiver finissant.

J'ai à peine connu mon père. J'ai oublié ma mère. Je la rencontrerais aujourd'hui dans la rue que je ne la reconnaîtrais sans doute pas. C'est un déchirement. Pourquoi ? Il y a sûrement une raison pour que cette femme qui m'a porté, nourri, qui m'a aimé, qui m'a puni, qui a modelé mon intelligence et ma sensibilité, je l'aie oubliée. Son corps, son sourire, ses gestes, ses propos, le son de sa voix.

Je ne la revois, en souvenir, qu'une fois et elle pleure. Une femme vieillie. Elle avait vécu soixante ans. Il y a, sur ce canapé, une forme et de cette forme s'échappent de violents sanglots. Et moi, j'ai seize ans, je suis debout près du piano. Je ne sais que faire pour venir au secours de cette femme. Cette peine qui lui reste en travers de la gorge me déchire. Elle qui ne pleure pour ainsi dire jamais, pourquoi pleure-t-elle ? Faut-il qu'elle soit devenue vieille ! Déjà, sans doute, le cancer dont elle devait mourir commençait-il, en elle, son œuvre noire. Je ne comprenais pas. J'aurais voulu être à mille lieues de ce corps à demi prostré, j'aurais voulu m'en aller, quitter ma famille, me trouver une autre mère. Et en même temps, mon cœur pleurait avec le sien, il lui lançait des ondes, l'accompagnait dans sa lamentation, se jetait sur elle comme un lémure, l'entourait d'un grand vêtement protecteur de soie, la berçait, pauvre enfant perdue, avec ses soixante ans dans notre univers sauvage. À cet instant j'ai compris qu'il y avait en ma mère une innocence tragique. Son intelligence souveraine l'avait protégée jusqu'alors, car elle comprenait tout et donc, peu de choses pouvaient l'atteindre. Elle acceptait. Lorsque mourut mon père, elle souffrit, mais se soumit au réel. Sa vision innocente de la vie faisait une place naturelle à la mort. Mais voici que soudain quelque chose survenait qui ébranlait toutes les certitudes. Elle n'avait plus de recours que dans l'expression violente de sa peine.

La portée de ses larmes et de ses cris était d'autant plus rigoureuse à mes yeux que je n'avais connu ma mère qu'en état de grâce, d'équilibre, d'intelligence et de vie. C'est dire qu'elle n'a pas rendu mon enfance malheureuse. Elle avait le don de ne se mêler point de ce qui ne la regardait pas ; parmi ces choses, figurait au premier chef l'évolution d'un petit garçon. Elle ne m'interdit jamais la lecture de livres qui eussent pu dépasser mon entendement. Un jour, le curé parut à la porte alors que je lisais — avais-je dix ans ? — *Les trois mousquetaires*, livre éminemment condamnable, comme chacun sait. Ma mère m'aida à faire disparaître ce qui aurait pu devenir objet de litige, vite sous un coussin ! J'étais assis dans un fauteuil et c'est là que le curé prit place, les fesses bien calées sur Alexandre Dumas. La visite terminée, je repris ma lecture sans que ma mère intervienne. J'admirai son sang-froid car l'Index, dans notre milieu, existait bel et bien. Elle était rieuse, taquine. J'ai hérité d'elle ces traits. Aux côtés de mon père, elle ne passait pas inaperçue. Lui était grand, fort et, vers la cinquantaine, il prit de l'importance. Il était noir de poil, avait les traits réguliers, les yeux bruns. Il fronçait volontiers les sourcils. Ses mains, carrées, étaient d'une grande pureté de forme. J'ai sa voix et parfois des gens qui ont connu mon père, m'entendant, sursautent. Ma mère était de taille moyenne avec une colonne vertébrale ainsi que de l'acier, ne s'appuyant pour ainsi dire jamais au dos d'une chaise. Jeune, elle avait été, non pas rousse, mais châtain clair, avec ce teint translucide qu'ont certaines blondes. Ses cheveux étaient fins et devinrent nuageux avec l'âge. Blancs, ils auréolaient doucement son front et répondaient à la question mélancolique que posaient les yeux bleu clair de ma mère. Quelle réponse ? Je n'en sais rien. Je sais simplement qu'il y a une réponse. Mon père avait un nez fin et droit. Ma mère, au contraire, avait un nez fort, un peu à la Bourbon. Sa bouche était grande, faite pour sourire et, en effet, elle souriait beaucoup. Son sourire apparaît sur toutes ses photographies ; parfois, sur le tard, mélancolique, désabusé. On y devine la tristesse de vivre. Sans doute, comme tous les êtres trop intelligents, s'est-elle rendu compte que, par-delà les amours et les réussites, vient un moment où la vie ne vaut plus la peine qu'on la vive. En ses enfants, elle avait affaire à forte partie. Nous avions tous, dans la famille, à un titre ou à un autre, des personnalités tranchées. Ma mère aimait discuter à perte de vue, surtout de politique. Les questions d'ordre moral la préoccupaient peu. Elle ne jugeait personne. J'en suis venu, peu à peu, à l'imiter. Que chacun fasse comme bon lui semble ! La proportion du bien et du mal dans le monde reste immuable.

Elle avait des défauts : soupe-au-lait, orgueilleuse, entendant mal la contradiction, timide, hautaine. Il ne lui serait pas venu à l'idée que ses enfants la tutoient. À ses amis de près d'un demi-siècle, elle disait Monsieur et Madame. J'admire cette réserve. En réfléchissant à elle, je me dis qu'il doit y avoir peu de victoires plus difficiles à remporter que celle d'élever huit enfants tout en restant soi-même; de ne céder sur rien de ce qui touche à l'essentiel de sa personnalité. Plus on reste soi-même, plus s'affirment chez les enfants ces subtiles différences qui font qu'ils sont celui-ci ou celle-là et non un autre. Je constate aussi, d'après le témoignage de mes frères et sœurs, que, peu à peu, ma mère a pris du champ. Elle s'est éloignée. Elle est rentrée en elle-même. Elle était souffrante. Un médecin de l'Institut du radium lui révéla, à sa demande expresse, qu'elle n'avait plus qu'un an à vivre. Elle revint à la maison. Je la retrouvai, pendant les vacances, étendue sur un canapé, les pieds recouverts d'un plaid, souriante et stoïque. De plainte, aucune. L'inévitable ne cède jamais. À l'hôpital, elle s'enfonça vite, toute espérance épuisée, dans cette nuit qui ne connaîtra pas son aurore.

Mais je suis loin ici de mon enfance. Cette enfance aurait-elle été la même si ma mère n'avait pas été, aussi, cette femme recueillie qui pouvait fermer les yeux sur le monde et lui dire silencieusement adieu? Elle s'effaçait devant moi, sans doute par lassitude. Et je ne fus pas un enfant difficile. Tête de linotte, agité, souvent susceptible de refuser à la vérité la place qui lui revient de droit, lui préférant les fruits de mon imagination; tout cela, certes. Mais aussi enfant du silence, d'une grande réserve dans ses rapports avec les autres, curieux de tout, passionné par ce qui relevait du comportement des êtres. Le soir, à huit heures, je montais me coucher. Combien cela m'était parfois difficile ! Ma mère recevait des amies au bridge, dont certaines avaient le don d'exciter ma curiosité. Je faisais semblant de me mettre au lit. Bonsoir et bonne nuit — disais-je, car c'était la formule consacrée. En robe de chambre, j'attendais, laissais s'écouler un bon quart d'heure et puis, sur la pointe des pieds, je redescendais, m'accroupissais dans l'escalier, invisible du salon, retenais mon souffle, écoutais attentivement les voix des femmes qui parlaient de mille choses à moi inconnues. Sans que je les comprisse, leurs propos nourrissaient mon imagination. J'y puise encore. L'une d'elles me fascinait. Elle s'appelait mademoiselle Victoire Marchildon. Sa famille était intimement liée à la mienne, son frère ami de mon père, elle amie de ma mère. Organiste, Victoire Marchildon se voulait vieille demoiselle. Avait-elle jamais aimé ? On se le demandait. Sans doute quelque jour, son cœur avait-il battu plus vite, mais c'était le secret des secrets. À la grand-messe, elle touchait l'orgue. Surtout, elle montait des pièces de théâtre. Lesquelles ? Mon Dieu, un salmigondis de médiocrités qui nous enchantaient. « Le grillon du foyer », ou «Le Rosaire» ou une «Marie-Antoinette» à costumes et décors. Nous admirions les robes à paniers, les perruques, les fauteuils Louis XVI. Ces pièces, jouées par des amateurs, transformaient en héros de vieux amis. Nous ne les voyions plus du même œil. Nos institutrices nous amenaient voir ces drames, ces comédiens qu'on nous présentait comme des modèles de diction. Ce théâtre reposait, selon les règles les plus classiques, sur les notions de surprise, de crainte révérencielle, de violence dans les passions, d'envolées purgatives. Enfant, j'appris, grâce à lui, qu'il existait un autre monde que le mien, fait d'amour et de jalousie, d'ambition, de cruauté. Je crois bien que Fersen et la malheureuse Marie-Antoinette figurent dans mon souvenir comme les premiers amants. Lorsque j'appris, plus tard, que lui aussi avait péri de mort violente, il me parut que l'esthétique de cet amour y gagnait en mérite. Il y avait, dans mon émerveillement, une fraîcheur et une tendresse qui ont vite disparu de ma personne. Chez tout homme, la première expérience sexuelle, ou même sensuelle, dissipe nombre de malentendus. Mais à six ans, l'amour-passion, vécu par les autres, atteint à des sommets d'espérances pour soi. J'imaginais l'amour. Il brûlait littéralement les planches du sous-sol de l'église, où avaient lieu les représentations. Au milieu des artistes, Victoire Marchildon venait saluer, comme un génie des planches.

Je me retrouve, assis dans l'escalier, épiant les grandes personnes. J'engrangeais. Elles jouaient pour moi la comédie de la vie. Je les écoutais. À chacune de leurs répliques, répondait en moi une voix.

Pendant toute mon enfance, je ne voyais mes frères et sœurs qu'aux vacances. Mes deux frères aînés faisaient, à Ottawa, le cours dit classique ; mes sœurs étaient pensionnaires, toujours à Ottawa, au couvent de la rue Rideau. Il y avait un certain snobisme à envoyer les enfants pensionnaires à Ottawa. C'était la capitale ; qui plus est, nous la considérions comme la capitale naturelle des Franco-Ontariens, par opposition à Toronto. Ottawa avait été à l'épicentre des luttes qu'avait suscitées le Règlement XVII (1913). Cette guerre larvée entre les autorités politiques ontariennes et les Franco-Ontariens, alimentée par l'attitude résolument raciste de certains évêques d'origine irlandaise, s'était soldée par un compromis qui marginalisait le français en Ontario. Pouvait-il en être autrement? Cette solution a permis aux Franco-Ontariens de conserver leur langue-croupion, de vivre en français familial à l'intérieur de leurs maisons, d'aller même jusqu'à réclamer qu'on les juge en français. Pour le reste, ils parlent l'anglais et, par minces tranches, tombent à rythme régulier, dans l'assiette anglaise. Je le constate dans ma famille même. En 1925, nous vivions dans l'euphorie d'une «victoire», Ottawa en était le lieu sacré. Les Oblats de Marie-Immaculée (fondateur: Mazenod) avaient compté parmi leurs membres le père Charlebois, l'un des leaders les plus dignes du mouvement de lutte contre le Règlement XVII. *Le Droit*, notre journal, paraissait à Ottawa et servait de pierre de touche aux sentiments nationaux: quiconque recevait *Le Droit* était bon teint. Mes parents avaient donc inscrit mes frères à l'Université d'Ottawa. D'université, ce collège n'avait alors que le nom, l'Ontario refusant de lui reconnaître le droit de décerner des diplômes universitaires. L'université, papale, était entourée d'une vague auréole de persécution.

Nous avions à Hull un oncle et une tante, elle, sœur de ma mère. Lui s'appelait Edmond Allard; elle, n'était pas encore devenue ma légendaire tante Ernestine, aujourd'hui aïeule impérieuse et aimée de toute la famille, resssemblant de plus en plus, par l'ironie et la force de caractère, à la grand-mère du

Rêve dans le pavillon rouge. On me les avait judicieusement donnés comme parrain et marraine. Jamais plus beau cadeau ne fut fait sur les fonts baptismaux. Par leur bouche, j'ai accédé au rang de personne ; par leur assentiment, j'ai renoncé à Satan, à ses œuvres, à ses pompes ; sous leurs yeux, j'ai baigné dans l'eau lustrale ; par eux, je suis entré dans la vie, purifié, prêt à bondir comme un chaton que sa mère a lavé dévotieusement. À la rentrée des classes comme à la fin des cours, mes parents allaient raccompagner ou chercher les enfants. Quelle équipée ! Près de trois cents milles par des routes vicinales qui montaient et descendaient selon un tracé ubuesque, se perdaient dans la forêt, se retrouvaient au bord de la rivière des Outaouais, longeaient des lacs, sous notre ciel infini. Les voitures étaient, par définition, poussives. En cours de route, où manger ? D'où la nécessité de paniers de victuailles. Heureusement, mes parents prirent l'habitude de s'arrêter dans une ferme, où ils arrivaient vers midi, après six bonnes heures de route. On leur faisait fête. À cette époque, toute nouvelle était un événement. La radio et les journaux n'avaient pas encore détruit la faculté qu'ont les simples de s'émerveiller. Cette halte respiratoire, agrémentée de potins et de ces considérations sur la vie dont les fermiers détiennent le secret, donnait du cœur aux voyageurs. Ils arrivaient à Hull au milieu des fanfares. Mon oncle et ma tante les attendaient, les regardaient gravir le long escalier qui, longeant leur magasin, menait au logis. Arrivée au dernier palier, ma mère s'arrêtait pour reprendre souffle. Elle levait les yeux. Sa sœur, son beau-frère étaient là, ma tante descendant précipitamment ce qui restait d'escaliers. Les deux sœurs s'embrassaient sous le regard des maris. Mais quelle est cette cinquième personne? C'est ma grand-mère maternelle, Alphonsine Fournier, veuve Éthier, veuve Lanthier. Elle aussi sourit, car la scène est attendrissante. Dans son sourire, que de douceur, que de majesté!

Je me souviens de grand-mère Lanthier descendant la grande allée de l'Église du Sacré-Cœur (Sturgeon-Falls, Ontario), l'hiver, revêtue d'un manteau de castor, chapeautée de noir, avançant lentement, canne à la main. Qu'est devenue cette canne? Hélas! imprévoyants que nous sommes, nous avons tout laissé perdre, canne, manteau, chapeau, lettres, souvenirs et rien ne reste plus des êtres que nous avons aimés. Ma grand-mère n'avait jamais été belle. D'abord, elle avait le nez épaté, les narines fortes, les méplats conséquents. Les lobes de ses oreilles, habitués à porter boucles et lourds anneaux, pendaient. On lui parlait, son visage resplendissait de bonté, d'intelligence, de drôlerie. Je n'ai connu qu'elle dont les yeux parlassent à ce point, en sorte qu'on savait ce qu'elle allait dire rien qu'en la regardant. De famille paysanne, elle avait reçu une éducation sommaire à laquelle la lecture avait donné de surprenants prolongements. Tout lui paraissait matière à réflexion et à discussion. Elle n'aimait que le précis et vivait dans un univers de définitions. «Savez-vous ce que vous dites?» — demandait-elle. Il fallait savoir. C'est d'elle que maman apprit l'usage du dictionnaire. Ma grand-mère, comme ma mère (et j'ai hérité d'elles ce trait) avait des mains de liseuse, faites pour tourner les pages, comme d'autres ne s'accomplissent qu'au piano. Elle crochetait à merveille. Au repos, elle entourait des mouchoirs de batiste d'une dentelle dite «tatting», cadeaux de noces vaporeux. Elle les conservait dans des boîtes qu'elle expédiait aux fiancées, le nombre des mouchoirs correspondant à l'affection qu'elle portait à chacune. Plus tard, je m'asseyais à ses pieds et la regardais travailler, elle et moi en communion. Elle était assise dans la grande chaise, le profil à contre-jour, dans la chaleur de la cuisine ; parfois, elle chantait, le rythme de la chanson suivant celui des doigts agiles. Ces chansons étaient tristes, car ma grand-mère était devenue, l'âge aidant, une vieille dame. Coquette, propre, les cheveux bien coiffés, le pied admirablement chaussé, mais vieille. Elle chantait, car son âme heureuse était triste. Elle aimait que je la contemple ainsi, que j'entende sa voix dire la mélancolie des cheveux blancs.

> — Dernier amour de ma vieillesse,
> Venez à moi, petits enfants,
> Je veux de vous une caresse,
> Pour oublier, pour oublier mes cheveux
> blancs.

Je n'avais pas envie de pleurer. C'était l'hiver. Je voyais le ciel bleu et ses nuages ; un chat venait se percher sur le rebord de la fenêtre, le dos au froid, peut-être attiré par la voix douce et tremblante de la vieille dame ; derrière moi, le poêle ronronnait, des odeurs de plat mijoté s'en échappaient. Ma grand-mère aurait tout aussi bien pu s'installer au salon. Fille de la campagne, elle revenait aux habitudes de ses parents. Pour moi, c'était comme si le temps avait suspendu son cours. Qui étais-je, avec mes neuf ans ? Un enfant gâté dans une ville du nord de l'Ontario, ou un petit paysan des environs de Montebello ? Les chansons, le mystère des mains qui papillonnaient, le ciel septentrional, dans leur continuité magique, me plongeaient comme en un songe éternel. Le temps n'existait plus, ni les besoins de la vie ne se faisaient sentir. Ma grand-mère et moi faisions corps. Elle m'apportait l'éternité, je lui donnais ma jeunesse, j'éloignais d'elle le dernier sommeil. L'hiver lui-même accentuait son immobilité. Rien ne devait se passer, rien ne devait interrompre ce chant continu, le mouvement des mains. Au fil des Parques répondait celui de la dentellière ; elle et moi comme isolés dans la chambre secrète de Pythagore, livrés à nos rêveries sur le vieillissement, ma grand-mère dans la plénitude de sa conscience, moi offert au temps dans l'illusion féérique de la jeunesse.

À sa mort, ma tante m'offrit son chapelet. J'étais au collège, j'avais seize ans. À la nouvelle de sa mort, je demandai audience au père recteur. C'était pour lors le père Guy Courteau, neveu de Marcel Dugas, lettré à la chinoise, pourfendeur de solécismes, surtout des siens, qu'il chassait sur la page blanche comme s'il s'était agi de papillons. Son filet en était toujours plein. Sous des dehors bonhommes, avec son sourire rêveur dans la barbe, le père Courteau avait un je ne sais quoi de dur. Selon ses humeurs, il oubliait le règlement, l'appliquait avec mansuétude ou l'imposait comme une grille. J'eus droit à la grille. J'entrai dans son bureau, après avoir franchi la porte du cloître. À droite, la chapelle des Pères, où se réunissaient chaque jeudi, les congréganistes ; plus loin, le réfectoire. À gauche, le bureau du père recteur, sa chambre et la salle de récréation des Pères.

Cette aile se terminait par une galerie où les Pères lisaient, par beau temps, leur bréviaire. Tout ceci est dans les *Pays étrangers*. J'entre. Le père Courteau était assis à son bureau, meuble victorien à glissière qui occupait la moitié de la pièce. Sur les étagères d'une bibliothèque-tourniquet, quelques livres, bréviaires, un Christ sur son monticule. Le père recteur sourit dans le vague, ses yeux clairs nulle part. Il m'invite à m'asseoir.

— Père recteur, ma grand-mère est morte.

— Paternelle? Maternelle?

— Maternelle.

— Je prierai pour elle et à vos intentions, demain.

Paternelle, eut-il prié aujourd'hui même?

Je lui présente ma requête : assister à l'enterrement. Donc, trois jours d'absence. Aucune hésitation de sa part, refus catégorique. Il dore la pilule en m'appelant «mon enfant». Je le quitte. Sans doute afin que j'oublie cette peine, ma tante m'offrira le chapelet de grand-mère, celui qui l'a accompagnée dans la dernière partie de sa vie. La croix, vieille et usée, avait perdu son crucifix. Ce chapelet, que je ne récitais (récite) pas, m'a accompagné dans mes périples. Ce n'est que tout récemment que j'ai remplacé la croix. Signe? Me remettrai-je à la prière?

Mes parents adoraient celle que nous appelions grand-mère Lanthier, du nom de son second mari. Elle était née, à Montebello, Alphonsine Fournier. Je n'ai jamais su quels étaient ses frères et sœurs, sinon deux d'entre eux : ma grand-tante Olivine et mon grand-oncle «Bébé», dernier, comme moi, de la famille. Olivine avait épousé un notaire et le suivit en Ontario jusqu'à Chelmsford, aux environs de Sudbury, où il vivota au milieu des paysans, avant que ne s'ouvrissent les mines de nickel. Comme ma grand-mère, sa sœur était liseuse, mais elle, invétérée. De soins ménagers, d'enfants, de mari, elle n'avait cure. Ma mère nous amenait la voir, dans sa maison mi-ferme mi-logis de ville, toujours en mauvais état, ses enfants étant notoirement incapables de planter un clou. Tante Olivine, prévenue, mettait les petits plats dans les grands, car une visite de maman relevait du cérémonial. C'était l'été. Les mouches étaient du festin, sous forme de nuages. Nous les entendions de loin, elles et leur bourdonnement perçant. Sur une table basse, tante Olivine déposait le gâteau du dessert, préparé pour les enfants, recouvert d'une crème épaisse. Cette crème, en trois secondes, les mouches la recouvraient. Nous les chassions, mais elles s'engluaient dans le sucre et nous avions dédain du gâteau, refusions les généreuses portions que nous offrait la vieille dame qui s'étonnait. Antoinette, disait-elle à maman, tes enfants manquent d'appétit — ceci sur un ton sévère, comme si on nous faisait prendre à la maison des habitudes d'anorexie. Nous échangions des regards où se mêlaient la déception et le fou rire.

Au milieu de la salle commune trônait, jours de semaine comme dimanches, un énorme baquet rempli d'une eau louche. Munie d'un bâton (manche de balai récupéré?) tante Olivine remuait le linge qui y trempait, sortait, selon les besoins du moment, une chemise, une culotte, une serviette, des chaussettes, tournicotait du bâton, jetait dans le baquet quelque autre objet vestimentaire, tordait le linge «propre», le mettait à sécher et la vie continuait sans autre forme de procès. Nous étions tout étonnés de constater que nos cousins n'avaient pas l'air moins propres que nous qui attachions aux taches une telle importance. Gâteau, mouches, baquet, mes sœurs faisaient la fine bouche et toisaient tante Olivine qui n'en avait, de toute évidence, pas conscience. Sans doute vivait-elle dans un songe, peuplé de héros de roman.

Je ne l'ai jamais vue que de noir vêtue, comme les femmes de son temps et de sa condition, une robe de cotonnade, d'une modestie irréprochable, des bottillons, un col de dentelle blanche, voilà ce qu'elle présentait à l'œil nu. Son cheveu, rare, se terminait en embryon de chignon. Les livres comblaient sa vie. Mon grand-oncle, dégingandé, de ces êtres à longues jambes qui donnent l'impression d'être toujours en train de fureter et dont Sherlock Holmes est le prototype, trouvait naturel le comportement de sa femme. Ses enfants l'adoraient. Elle prenait un livre et disparaissait. Quel livre? Où? Je n'en sais rien. Nous supposions le pire et lorsque plus tard j'entendis la voix de Cicéron me confier qu'il n'était vraiment heureux que *in cubiculo cum libro*, je pensai à tante Olivine. Ces deux personnages, par-delà les siècles, se rejoignaient, lisaient ensemble. Aujourd'hui, je vis entouré de milliers de livres auxquels je ne touche pour ainsi dire plus. Ils forment le décor de mes rêveries. Comme tante Olivine s'en donnerait à cœur joie! Que lisait-elle? Tout, paraît-il, depuis le missel et les romans de Mme A.B. Lacerte, jusqu'au catalogue. Je lui ressemble et

42

me plonge avec autant de passion dans un album de chiens que dans une lettre de Flaubert. Peu nous importe, à tante Olivine et à moi, le texte. Il n'y a plus de textes. Il n'y a que des prétextes à l'hypnose qui est, en dernier ressort, la seule raison d'être du livre.

Bien sûr, tante Olivine est morte en chrétienne. Mais elle parlait peu — pour ainsi dire, jamais — de religion, ni n'invoquait-elle un Dieu lointain. Ces choses, dans ma famille, ne se faisaient pas, il y a un demi-siècle, ni ne se font-elles aujourd'hui. Il y avait des sujets de conversation tabous, la religion, les prêtres (dont nous n'avions aucun), Dieu, les anecdotes grivoises, avec quelques exceptions aux connotations si raffinées, si lointaines, que quiconque n'était pas de la famille s'y perdait. J'ai conservé ce dégoût des conversations portant sur Dieu et la foi ou sur la sexualité. Écrire ces mots, même, est une corvée. Il y a des choses qu'on fait et dont on ne parle pas. Je n'en aime et admire pas moins les mystiques, dont c'est le métier. L'Esprit les habite. Ils décrivent, ils prophétisent. Ce don n'est pas donné à tous. Laissons ce soin aux prêtres, marqués d'un sceau. Méditons en silence, à la recherche de l'unité de l'âme. Gardons-nous d'en parler. La foi de mon milieu était, par pudeur et par crainte d'irrévérence, celle du charbonnier. Le missel de maman, latin-français de chez Mame, avait été, à sa mort, fort lu. Elle le conservait dans un tiroir de sa chambre, comme un objet précieux, secret. Nous ne priions pas en famille. Je n'entre jamais dans le détail des vies de mes frères et sœurs, ni de mes cousines Allard, qui sont aussi des sœurs à moi, par la profondeur des racines. L'univers de mon enfance a une dimension hiératique, un goût de la solitude, un amour du repli sur soi qui lui donnent son prix. Tante Olivine fuyait la famille, un livre à la main, instrument de sa solitude. Ma mère ne se livrait pas. Je ne suis heureux que lorsque j'entends la porte se refermer derrière moi. Prix ? Cette continuité n'a pas de prix.

Le frère de ma grand-mère, qu'on appelait oncle Bébé, était, quand je l'ai connu, un homme sévère et élégant. Ancien employé des chemins de fer, il quittait Montebello selon ses fantaisies et rendait visite à sa sœur et à ses nièces. Pas question d'aller, par exemple, à Vancouver, les gens de cette époque ne mettant pied que dans les villes où ils avaient de la famille. On l'attendait avec impatience et une certaine crainte ; il était un oracle. Je n'ai jamais su pourquoi, mais lorsque l'oncle Bébé disait — ou mieux, proférait — quelque chose, on s'attendait à ce qu'il termine son propos, après un silence, par la phrase rituelle : J'ai dit. Que disait-il ? Je n'en sais trop rien et aucun de ses jugements légendaires n'est resté. Il portait moustache à la Clemenceau et bottines à boutons. Comme sa sœur, ma grand-mère, il avait fière allure. Le dimanche, par des jours d'hiver sous la neige, avec le soleil qui enflammait cette blancheur, grand-mère Lanthier et oncle Bébé quittaient la maison pour l'église. Ils remontaient la rue Lévesque, empruntant le même chemin que moi, chaque jour, vers l'école. D'une fenêtre du salon, nous les regardions aller, raides comme des piquets dans leurs manteaux de fourrure, ma grand-mère portant canne. Ils savaient qu'on les admirait, qu'ils formaient un couple exemplaire. Les voisins eux aussi, toute la rue, les regardaient passer. Ils imitaient sans doute, inconsciemment, la démarche des beaux messieurs et des belles dames qu'ils avaient vus et admirés, dans leur jeunesse, à Montebello, les invités du seigneur Papineau qui venaient, de Montréal, passer le week-end au château et qui se donnaient en spectacle à la grand-messe. On eut dit deux vieux comédiens.

Cependant, drapé dans sa dignité, oncle Bébé avait le cœur lourd. Tante Marguerite, sa femme, était kleptomane, donc pas sortable. Elle avait été d'une grande beauté, que grand-mère célébrait encore selon la formule : un beau corps de femme. Elle avait les traits classiques, les seins bas, la taille raidie par le corset. C'est ainsi que nous la présentent les photographies. Du reste, toutes les femmes de cette époque ressemblent à Liane de Pougy, bandeaux à la grecques, long rang de perles (dans le cas de tante Marguerite, fausses), un air ingénu malgré la cinquantaine. L'arrière-train suivait. Son vice interdisait à tante Marguerite d'accompagner son mari dans ses déplacements. Avant de quitter Montebello, il faisait la tournée des magasins du village et de ceux des environs (Papineauville, Saint-André-Avellin) et mettait les commerçants en garde, ce qui transformait sa femme en recluse. Ensemble, lui très gentleman, elle sous haute surveillance, ils formaient le couple idéal.

Leur fille s'appelait tout uniment Desneiges, Desneiges Fournier. Elle devint religieuse hospitalière, s'amouracha d'un médecin américain. Elle s'enfuit nuitamment, épousa son soupirant et disparut de notre monde, devenue, disaient maman et grand-mère, anglaise et protestante. Pfutt! Des-neiges!

Leur fils portait le prénom de Zotique. Il est dans ma mémoire comme une ombre qui se lève de table, longe les murs, s'asseoit au salon, essaie de s'intégrer par politesse. Ses parents l'adoraient et voyaient en lui un futur premier ministre. Peu leur importait qu'il le devînt à Québec ou à Ottawa. L'exemple de Wilfrid Laurier, né à Saint-Lin, n'entrait pas pour peu dans cette convoitise. Zotique se fichait de Laurier comme d'une guigne. On l'envoya au collège, à Rigaud. Il y fut comme s'il n'y était pas. On lui chercha une situation qui lui permît d'aborder aux rivages de l'électoralisme. Zotique attirait à lui les petits enfants, futurs électeurs, par un don singulier qui devint sa seule passion ; il jouait de l'harmonica à la perfection. Détail qui faisait de lui un objet de curiosité, il en jouait sur le dos, les jambes renversées vers l'arrière et l'instrument non pas aux mains, mais aux pieds. Ses parents détournaient la tête, trouvant le spectacle affligeant. Le soir, ils le voyaient partir, son harmonica dans la poche, en route vers quelque estaminet où il se produisait aux cris d'une foule à qui la pensée ne serait jamais venue de voter pour lui. Elle avait tort, Zotique eut été excellent député. Mais les hommes de 1910 n'avaient pas eu le temps de prendre la mesure de leurs représentants. Il faut dire que le député de Montebello était Henri Bourassa, dont mon grand-oncle tenait à honneur d'être l'ami. Les parents de Zotique étaient profondément atteints dans leur intelligence, oncle Bébé parce qu'il raisonnait de façon supérieure et savait dresser le poing contre un destin injuste, tante Marguerite, bien que sosotte et l'esprit obnubilé par son besoin de basses rapines, parce que, dans le rêve qui entourait son fils, elle décelait une faille qui le transformait peu à peu en cauchemar. Zotique, jambes en l'air, jouait «Ramona, tu sens l'tabac!» Son impavidité d'artiste avait quelque chose de goethéen.

Un jour, il ne put résister à l'appel du train. Il avait hérité ce trait de son père. Il grimpa à l'échelle d'un wagon de marchandises et fit de ce toit, toujours le même, quel que fût le wagon, sa demeure. Peut-être fut-il, au cours d'une randonnée, compagnon de voyage de Louis Hémon. Il descendait dans un village et mi-mendiant mi-saltimbanque, gagnait son pain. Enfant, j'ai vu plusieurs de ses pareils. C'était à l'époque de la crise économique. Les chômeurs, miséreux, parfois gémissants, parfois de mine patibulaire, toujours hâves, venaient frapper à la porte de la cuisine. Ils nous faisaient peur, nous leur donnions. À peine avaient-ils tourné le dos que maman dépêchait l'un d'entre nous jusqu'à la rue, chiffon en main, pour effacer la croix de craie blanche que le chômeur avait tracée devant l'entrée de la maison. Cette croix était signe d'hospitalité. Parfois, sans crier gare, Zotique frappait à notre porte. Maman et grand-mère avaient honte de lui. Il ne correspondait en rien à l'idée qu'elles se faisaient d'un neveu ou d'un cousin, fils unique d'oncle Bébé. Grand-mère reconnaissait bien en lui un rejeton de sa belle-sœur; nous pensions à tante Olivine, elle aussi, personnage hors du commun. Entre l'harmonica à pieds et le baquet d'eau sale éternel, que choisir?

J'imagine souvent la fin du pauvre cousin Zotique. Après la mort de ses parents (sans doute vivait-il de leurs mandats) il disparaît. Sa sœur infirmière et ci-devant religieuse, donc dure de cœur, résiste à ses lamentations. Il erre d'une ville à l'autre, son bout de craie dans la poche voisinant avec l'harmonica vieillissant. Bientôt l'instrument ne rend plus de sons. Zotique, perclus de rhumatismes, ne peut plus se plier comme un jeune cyprès. Il en est réduit à jouer de l'harmonica comme tout un chacun. Ses pancartes n'affichent plus harmonica mais musique-à-bouche. Dans l'enfer, il n'y a pas de cercle pour lui. Il dort sur les bancs. Lorsque la police l'arrête pour vagabondage, il pousse un soupir de soulagement, car il sera au chaud. S'il avait été poète, il aurait été un second Humilis. Il va et vient d'est en l'ouest du continent, mendiant son pain. Il pense au lointain foyer de son enfance. Les larmes lui viennent aux yeux. Il meurt ainsi dans un jardin, sous un banc.

Ou bien, au cours de ses pérégrinations, il frappe à la porte d'un couvent. Un frère vient ouvrir. Lui aussi est originaire de Montebello. «Comment, le fils du maire?» Il fait entrer Zotique. Tout est chaud et clair. Une pénitente sort d'un parloir, suivie d'un moine qui n'est autre que le supérieur du monastère. Il fait fête à Zotique qui a soudain recouvré la foi. Les ménestrels sont ainsi, ligueurs avec les ligueurs, protestants avec les protestants. Justement, on a besoin d'un cuistot. Zotique sourit aux anges. Il peut jouer «l'Ave Maria» de Gounod. «Jouez» — dit le Père. Zotique y met toute son âme, car il a faim. Sans être frère convers, il est attaché à cette communauté. À Noël, les Pères mangent des tourtières à la

Tante Marguerite, à Pâques une oie aux haricots. Parfois, pendant la récréation, on l'invite à jouer de son harmonica. Il joue. Les Pères chantent : «La clé du ciel est aux mains d'une mère.» Le cousin Zotique a trouvé son hâvre de grâce car ces hommes sont aussi naïfs que lui. Certains, bien sûr, hochent la tête, mais laissent faire, car ils reconnaissent en Zotique un innocent dont les mains sont, enfin, pleines. J'ai inventé d'autres versions, plus triviales, de cette fin.

Telles étaient les personnes saillantes qui, du côté de ma grand-mère maternelle, composaient et alimentaient mon imaginaire. En esprit, mon enfance s'est passée avec elles.

Il faut dire que je suis de nature oublieuse. Dates, températures, signes astrologiques, rencontres, j'oublie. Parfois, dans une soirée, je parle une heure avec quelqu'un, manifestant le plus haut intérêt, riant, soulignant les bons mots de l'autre, l'encourageant à tout dire. Le lendemain, on me dira : «Hier, au cours de cette conversation avec Untel, qui m'a paru si intéressante, animée, qu'avez-vous dit ?» Moi : «Dit ? Untel ? Conversation animée ? Première nouvelle. ». La maîtresse de maison ajoute : «Au moins vous souvenez-vous que vous avez dîné hier chez moi ?» Bien sûr, mais dans un an je l'aurai oublié. C'est pourquoi je reçois moi-même beaucoup, au restaurant et à la maison. Ainsi, je suis à peu près certain de ne pas être en reste, de ne pas devoir. Ensuite, je note fidèlement, dans mon carnet Hermès, ce compagnon fidèle de trente ans, ou dans mon journal, ce que j'ai fait, qui j'ai vu, ce qu'on m'a dit. Je suis à moi-même comme un barbon avec la jeune fille — Agnès — qu'il convoite.

Enfant, tout à mes joies et à mes peines, je ne notais rien. Aussi mes souvenirs sont-ils épars, peut-être même ne sont-ils que le reflet des paroles des grandes personnes.

Ma mère : Maman, vous savez que Zotique est dans les parages.

Grand-mère : Pauvre Bébé ! Ma mère : C'est surtout le fils de Marguerite.

Ainsi de suite. Mon imagination d'enfant engrangeait des bribes de conversations que j'utilisais pour broder. Vinrent s'ajouter par la suite des éléments de réalité vécue, Zotique au salon, tante Olivine son livre à la main, ses enfants piaillant, le bureau de leur père devant lequel nous attendions nos parents. Une atmosphère de désordre, de misère peut-être, colle à mon souvenir. Ma famille a toujours tenu à honneur de se dégager de cette gangue.

IV

Voici comment j'ai appris à lire.

Les exemples de mon esprit de désobéissance
sont légion. On m'interdisait de faire quelque chose,
je le faisais. « Ne sois pas en retard ! » Je faisais attendre. « Sois poli. » Je tirais la langue. Ma mère, déjà
vieillissante, avait le pardon facile. J'en usais en toute
liberté. Enfant futé, je ne ratais jamais l'occasion
d'imposer ma volonté. En un mot, j'agissais à ma
guise, surtout l'été. L'hiver, la maison se vidait, frères
et sœurs allant qui au collège, qui au pensionnat. On
nous surveillait alors de près. L'hiver si rude dans la
plaine laurentienne, nous retenait à la maison. Que
peut faire un enfant de cinq ans, dans ces conditions,
sinon obéir ? J'apprenais goulûment à parler et je sus,
très jeune, le faire d'abondance. Mon instinct gram-
matical, sans doute la plus forte de mes pulsions, me
guidait, presque sans coup férir, dans le jardin éty-
mologique. Chez nous, et j'en remercie le ciel, le
dictionnaire régnait en maître absolu. Il réglait le
cours de notre vie. C'est une forme d'esprit, rien de
plus. Mais cette forme s'étend toujours, jusqu'à devenir maîtresse du terrain. Sa première règle de
comportement est la suivante : pour dire peu, il faut
savoir beaucoup. N'est-ce pas le principe de tous les
arts ? La facilité apparente cache toujours une réflexion, un choix, des connaissances qui privilégient
l'ombre. Et puis, il y a le pur plaisir des mots. Le

bonheur verbal sauva ma famille du pédantisme. Nous ne voulions pas briller. Du reste, auprès de qui l'eussions-nous pu? J'ai vécu mon enfance première dans la recheche et la vénération de la langue française, version Larousse. Rien ne marque un enfant comme le spectacle de sa mère, ou d'un frère aîné, le dictionnaire à la main, qui cherche le mot juste, ou un proverbe dans les pages roses. Que de discussions passionnées! Et quelle joie lorsqu'on a trouvé!

J'aspirais donc à la lecture. Dans ma petitesse, je voulais moi aussi tenir le trésor entre mes mains. Depuis, j'ai utilisé, bien sûr, le *Larousse*; ensuite le *Hatzfeld Darmesteter* (édition Delagrave); aujourd'hui, le *Robert*. Ainsi va la mode. Mais en 1949 (ou était-ce en 1950?), pendant l'été, je vécus quelques mois à Soisy-sur-Seine, près de Paris (dans un lieu de vacances appelé l'Eau-Vive); nous avions accès à la bibliothèque dominicaine du Saulchoir. J'y ai passé de nombreuses heures, au soleil de juillet et d'août, plongé dans le *Littré*. Cet été-là, j'ai récolté ce que le vieux Larousse familial avait semé en moi. J'avais attendu quinze ans, mais non pas en vain. À quatre ans, à cinq ans même, je voulais tendre la main vers ce précieux objet, l'ouvrir, m'y perdre. Mais, comme en tout, il y a un hic. Dans l'amour du dictionnaire, il n'y a pas de retour en arrière. Le voyage est infini. Certains mots déplaisent, car ils guident l'esprit vers des régions que réprouvent le conformisme, la morale, la société. En ce sens, je me dis que les hommes du Québec seront libres et forts, lorsqu'ils auront accepté leur langue dans toutes ses virtualités. Nous sommes depuis deux siècles devant la porte du langage. Nous connaissons le mot de passe. « Sésame, ouvre-toi ! » Mais nous nous taisons, nous laissons la porte fermée.

Grâce au Larousse, je savais donc lire implicitement lorsque mon esprit de désobéissance m'attira un désagrément. Notre jardin se trouvait surtout sur la gauche de la maison ; je le connaissais par cœur. À droite, par-delà les fleurs, le gazon et la clôture, une route. Au-delà encore, des terrains vagues qui menaient au chemin de fer. Plus loin, des maisons éparses (et c'est dans l'une d'elles qu'habitait madame Laflèche), le cimetière et une route qui menait au lac. Pour moi, dont l'imagination était vive, ce côté droit de la maison représentait les mystères du devenir. Dans le boudoir, qui donnait sur ces espaces de rêve, je me glissais derrière le sofa, m'accoudais à la fenêtre, et regardais passer les gens en provenance de là-bas. C'est comme s'il s'était agi d'un autre pays. L'accès m'en avait été, une fois pour toutes, interdit. La défense avait été d'autant plus formelle qu'au milieu d'un champ, que de ma fenêtre je pouvais apercevoir, se dressait une large haie de sapins, qui servait de refuge, la nuit venue, à des amours illicites. Ainsi, du moins, le voulait la légende. À cinq ans, ces détails anthropologiques me laissaient de glace. Le vague des pays inconnus seul m'attirait. Je m'asseyais sur les marches devant la maison et regardais en direction de cet Éden. Un jour, je me risquai. Ce fut une déconvenue. La route traversée, les terrains ne menaient nulle part, sinon à d'autres maisons, d'autres jardins clôturés comme le nôtre. Vue de près, la haie de sapins n'avait rien de monumental. Il y avait des déchets. J'y retournai pourtant, toujours à la recherche de je ne sais quoi.

Le secret attaché à mes petites fugues ajoutait à mon plaisir. J'étais comme un explorateur dans la jungle, inconnu des peuplades. D'habitude, je m'enfuyais à la nuit presque tombante, après le repas du soir, alors que la famille devisait tranquillement. On ne remarquait pas mon absence. Pour moi, seul et loin des miens (car la grand-route figurait un méridien psychologique), j'attendais une intervention, qui ne venait jamais.

Un soir, je m'attardai entre chien et loup, sans doute à sauter à cloche-pied sur les travées du chemin de fer et ne rentrai que la nuit bien tombée. Au milieu de la route, que je traversais en courant, une voiture me renversa et me brisa la cuisse droite. Brouhaha. Vite, un attroupement. On me transporta à la maison. Je me souviens d'être au lit, dans la chambre d'été, au premier, vitrée sur trois côtés, d'où je dominais cour et jardin. J'étais au milieu des arbres, pommiers, érables, peupliers d'Italie, au loin un cerisier que j'affectionnais. Ma jambe droite dans le plâtre était maintenue à angle presque aigu par une poulie, un levier et un poids. Il s'agissait de me recoller, comme une poupée cassée dont on ne veut pas se défaire. On me photographiait. J'ai l'air heureux, avec dans le regard une pointe de malice sérieuse. Ma vraie vie a commencé à la suite de cet accident banal. Moi si actif, partout à la fois comme un écureuil, je me retrouvais livré à moi-même. Pour la première fois, j'avais à faire face à un mur trop haut pour que je l'escalade. Alors ? Inutile de se jeter la tête contre les pierres. Impossible d'en faire le tour. Vite, devant cette muraille imprenable, je commençai à ordonner mon jardin. J'y semai des mots, des phrases, des pages, des livres. Je me mis à lire pour de vrai, enfoncé dans des oreillers et des coussins. Il y a une position de lecture. Celle-ci est restée la mienne. Il est rare que je lise dans un fauteuil. À ma table de travail, j'écris. Je lis dans mon lit, ou étendu sur un canapé. Lecture faite, je laisse tomber le livre de l'heure, en prends un autre, lis un chapitre ou deux. Après une longue soirée de ces reprises et rejets, je me lève sur un parquet jonché de livres. Il m'en faut plusieurs autour de moi.

Enfant, dans mon lit de malade, j'ai commencé par lire la comtesse de Ségur. Il paraît que c'était une sauvage. Chateaubriand raconte l'arrivée de Napoléon à Moscou et l'incendie de cette capitale, qui sonna le glas du conquérant. Le gouverneur de Moscou, comte Rostopchine, l'incendiaire, était le père de la comtesse de Ségur. Elle vint jeune femme habiter Paris, y vécut la vie de la Restauration, des dix-huit années du règne de Louis-Philippe, enfin de Napoléon III. C'est un rare témoin, qui recrée son univers par les yeux des enfants. Elle ne maquille pas la réalité. Les personnages vivent dans des châteaux ou dans des chaumières. Entre riches et pauvres, rien. Voilà ce qu'aiment les enfants, un monde simple où ne fraient que les bons et les méchants. Il faut d'abord un château, refuge sûr, où ne manque rien de ce qui rend la vie belle. Il faut aussi des parents, qui aiment et qui savent punir, dans un jardin enchanté. Enfin, par contraste, des ennemis, un monstre, qui cherche à détruire le bonheur des enchantements et à dominer par la force ce qui ne peut être conquis que par l'amour. Dans la France du XIXᵉ siècle, avec ses crinolines, ses bottines à boutons, ses sous-pieds et ses hauts de forme, madame de Ségur recrée ce monde onirique. Comme des milliers d'enfants avant moi, je pleurai avec Sophie, je me démenai avec le bon petit diable, tremblai devant madame Mac'Miche, marchai sur les routes poudreuses avec Diloy, admirai le général Dourakine et conspuai madame Papovska. De la comtesse de Ségur à Balzac, il n'y a qu'un pas. Je ne le franchis pas à cinq ans. Mais je n'en avais pas moins traversé un abîme. Ma conscience avait accepté l'existence d'un monde autre que le mien. Il y avait des êtres différents de nous! Ils existaient! Ils avaient existé, qui plus est, dans un lointain passé, dans un autre pays.

Il y a des ruines, chez la comtesse de Ségur, des fortunes qui disparaissent, des riches qui se retrouvent sur le pavé. L'imagination créatrice de la comtesse née Rostopchine reproduit le vrai. Comment une femme aussi intelligente aurait-elle pu, même dans le monde des enfants, ignorer les prodigieuses mutations de son temps ? En apparence, elle crée une société stable. Les parents sont immuables. Les pères vivent de leurs rentes ; les mères s'occupent de la bonne marche de la maison. Il y a des domestiques, attachés aux personnes, issus de glèbes ancestrales. Ils obéissent, c'est leur lot. On songe à la vieille bonne des Goncourt, dont ils ne connurent la vie vraie qu'après sa mort. Pourtant, ces gens riches et de vieille extrace, dans leurs châteaux, devinent que la fin approche. Cette fin, elle s'est déjà présentée à leurs grands-parents, en 1789, sous sa forme la plus hideuse. Ils savent qu'en dépit des apparences l'hydre est toujours là. Aussi l'éducation que reçoivent les enfants qui peuplent les livres de la comtesse de Ségur est-elle essentiellement pratique et bourgeoise. Il faudra quelque jour faire face à la vie, sans château, sans hôtel particulier, sans domestiques. Rentrer dans le rang, devenir fonctionnaire, diplomate, professeur, comme tout un chacun.

Est-il possible que j'aie compris cette leçon? Non, dans son développement. Oui, dans sa vision intérieure, dans son âme, dans ce que j'appellerai sa morale. Je me retrouvais parmi les miens, emporté par un mouvement social qui se déployait en sens inverse de celui qui charriait les personnages des livres que je lisais. Le monde de la comtesse de Ségur, éclatant en mille particules, cherche à se redéfinir. Le mien, au contraire, utilisant ses assises paysannes, veut s'étendre, se ramifier, dominer son milieu. Cela, je pouvais le deviner par le comportement de mes parents. Ils poussaient leurs enfants vers les études comme la mère Courage sa charette. Il s'agissait d'investir la société, d'y occuper sa place. D'où cette volonté clairement exprimée de raffinement, ces livres qui traînaient partout, l'élégance du décor, la majestueuse politesse de ma mère, notre dédain secret de tout ce qui n'aspirait pas, comme nous, à devenir meilleur. Je m'empresse d'ajouter que cette ambition ne s'attachait ni à des visées politiques, ni à la puissance de l'argent. Je sais aujourd'hui qu'elle était schopenhauerienne. Nous voulions être meilleurs parce qu'il vaut mieux être bien que mal. Nous voulions être meilleurs parce que l'homme n'est heureux, dans sa solitude, que s'il aspire à une perpétuelle régénérescence. Cette famille si unie, à laquelle j'appartiens, est composée d'êtres seuls qui, à beaucoup d'égards, ne sont heureux que livrés à eux-mêmes, c'est-à-dire à leur solitude. Pour ma part, à cinq ans, emplâtré, dans ma chambre de soleil, le nez dans un livre, j'avais trouvé la posture et le lieu rêvés de mon épanouissement. Plus tard, j'ai appris à écrire; j'ai appris à parler, à charmer d'autres êtres par une parole melliflue. Peu importe. Ce qui compte, la chiquenaude initiale, ce sont ces livres écrits en français par une Russe. Grâce à eux, j'ai accepté qu'un monde autre que le mien puisse exister; par le truchement de cette acceptation, j'ai pénétré les yeux ouverts à l'intérieur de mon domaine propre. Cette logique se présentait à moi à l'état larvaire. Je lui donne aujourd'hui son ossature. Il est certain que je ne lisais pas que pour le plaisir de m'évader. Je ressentais le besoin d'adhérer à la vie totale de l'univers. L'enfant réagit comme réagira l'homme. C'est pourquoi j'eus très vite une boulimie de lecture. À peine remis de mon accident, je me précipitai dans les livres de la maison, comme don Quichotte au milieu des moulins à vent. Comme lui à la recherche d'un ineffable que les livres ne m'ont pas donné et dont je sais maintenant qu'il n'existe que dans le désir.

La bibliothèque de la maison, c'était d'abord un meuble de chêne de quatre étagères. L'étagère du haut ainsi que la seconde vers le bas étaient remplies d'ouvrages de la collection Nelson, petits livres maniables, d'excellente typographie et cartonnés. On en trouve encore, dans les librairies d'occasion. Ont-ils toujours un public? Le troisième rayon était consacré à des ouvrages de poésie et de piété. Le quatrième, plus important que les autres, renfermait des dictionnaires de médecine et de connaissances générales. Surtout j'y découvris l'*Encyclopédie de la jeunesse*, qui me servit, pendant quatre ans, de guide intellectuel. On y trouvait un peu de tout, de l'histoire des montgolfières à celle de la conquête du Pérou. Les noms se succédaient dans mon esprit comme de merveilleux feux d'artifice. J'apprenais l'histoire du monde. La comtesse de Ségur avait, la première, ouvert les portes de mon jardin sur les infinis espaces; voici qu'ils prenaient forme dans le temps historique. Non seulement il y avait eu des hommes avant nous, mais on les connaissait. Les plus nobles, les plus vaillants d'entre eux avaient droit au récit de leurs aventures. Je rêvai d'être comme eux. Aventurier, explorateur, je découvrais des continents. Je contemplais les cartes dans les atlas. Comme notre globe ma paraissait petit! Je choisissais un pays, m'y installais, apprenais la langue, disparaissais dans l'anonymat. L'Amérique du Sud m'attirait comme un aimant. Conquêtes, temples dans la jungle, conquistadores, tout m'y parlait d'aventure. Je m'y retrouvais, par une mutation inexplicable, fra Juan, revêtu de bure, un crucifix à la main, évangélisant des princes assis sur des monceaux de diamants.

Je ne décrirai mes aventures ni pendant la Révolution française ni au cours de la conquête de l'Indochine. Je suis mort de mille morts. Je revenais à la vie pour repartir plus loin encore dans l'espace et le temps.

Je rêvais donc passionnément. Dans une chambre du haut, l'un de mes frères avait, lui aussi, sa bibliothèque. J'y trouvai d'abord, complément de mon encyclopédie, un résumé des histoires de la Grèce et de Rome. J'y découvris César et mon préféré, le grand Pompée. Combien de fois ne l'ai-je pas suivi jusqu'aux rivages de l'Égypte. Il quitte son navire, abandonnant sa femme et ses amis. La barque fatale (c'est le cas de le dire) l'amène au rivage et là, Ptolémée le fait mettre à mort par ses sbires. On dresse un bûcher, on y jette le corps, on y met le feu. Le tout n'a pas pris une heure. Dans le bateau, femme et amis se lamentent. Un geste que j'ai retenu : les Romains, au moment de mourir, se recouvrent la tête d'un pan de leur toge. Ils se dérobent au regard de leur assassin. Ils se coupent de ce monde qui ne veut plus d'eux. Ils entrent de plain-pied dans la chambre froide de la mort. On ne les tue pas, ils choisissent de mourir. Ils sont libres et affirment leur liberté jusque dans l'au-delà. Je suis devenu fataliste entre cinq et huit ans. En réalité, j'étais un enfant à qui on ouvre toutes grandes les grilles du parc. Il se promène, admire ce qui l'entoure. Il sait, jusque dans les délices secrètes de l'âme, que ce qui l'attire est beau. Mais il ne peut nommer ni un arbre, ni une fleur. J'étais comme Pip dans *Les grandes espérances*. On l'invite dans la maison enchantée. Il ne comprend rien, sinon que là se trouve le bonheur, là la cruauté, là l'amour. D'une certaine manière, son âme se durcit et se forme. Il ne comprend rien et devine tout. En vingt-quatre heures, parce qu'un mystère lui a été révélé, il cesse d'être un enfant, devient un petit homme. À moi, les livres, lus en vrac, sans tout comprendre, rendirent le même service. Je connus la vie avant d'avoir vécu. Depuis, j'ai vécu et je ne connais pas la vie.

V

J'ai aimé très tôt la musique : la mauvaise. «Prière d'une Vierge» ou «Dans le jardin d'un monastère». Nous avions bien sûr un piano à la maison, sur lequel ma mère faisait son apprentissage de chanteuse chorale. Le banc de ce piano était plein de musique d'écoliers, Éditions Schirmer. Aimions-nous la musique ? C'était un art d'agrément que nous étions tenus d'apprendre, sans doute afin de pouvoir dire, plus tard, que nous l'avions pratiqué. À Noël et en juin, mes sœurs rentraient du pensionnat. On jugeait du progrès accompli. La plupart du temps, c'était un fiasco. Musique, zéro. Elles s'arrêtaient brusquement aux mêmes accords, comme un cheval devant un obstacle. Deux fois par an, c'était la même scène. Et puis, nous passions à autre chose.

Voilà qu'on me dit un jour que j'allais, moi aussi, apprendre à jouer du piano. Ce ne fut pas une surprise. J'avais compris d'instinct que cela était dans l'ordre des choses. J'héritais donc de la serviette à musique qui avait servi à tout le monde. On y glissait les feuilles ou les cahiers ; ensuite, on la pliait en deux, on la fermait, clic ! et on la serrait sous son bras. Maman avait téléphoné à mademoiselle Raison, qui m'attendait.

Je partis, ma serviette à l'aisselle, tout fier et quand même avec le sentiment que ce serait là une jolie corvée. Je sortis de la maison par la cuisine, j'en suis sûr. Je n'empruntais la rue noble, rue Lévesque, que pour aller à l'église, à l'école, ou chez mes amis d'en face. Autrement, avec quel plaisir je sortais par l'arrière. Le jardin me menait au trottoir municipal. Je tournais à droite, à l'ombre d'un érable solitaire contre le ciel. J'avançais vers la ville. D'abord, toujours sur la droite, je traversais un square, dénudé, où se dressait une croix à Jacques Cartier. Il était toujours vide pour la simple raison qu'on n'y trouvait aucun banc où s'asseoir. La croix de granit se dressait vers la rivière et le lac au loin, symbole de l'esprit d'aventure du découvreur. Je m'engageais alors dans une grande rue, à droite bien sûr, qui pénétrait dans la ville et menait au presbytère et à l'hôpital. En route, je m'arrêtais à contempler les vitrines du grand magasin Michaud et Lévesque, pôle de nombreux désirs. Il m'était interdit d'y entrer et, du reste, je n'avais pas le sou. Plus loin, à gauche, l'hôtel Dompierre; à droite, un autre magasin d'alimentation, Bourassa. Enfin, le vieux presbytère et l'hôpital, dirigés, évidemment, par les Filles de la Sagesse. C'est presque en face de l'hôpital qu'habitait mademoiselle Raison. Sa maison de bois donnait directement sur la rue. On aurait dit une boîte jaune.

Cette maison, je la connaissais, non seulement à cause de la musique, mais aussi parce que mademoiselle Raison partageait son logis avec sa sœur modiste et que cette modiste avait presque du génie. Une troisième sœur, dont je reparlerai, vivait sous ce même toit. Je sonnai à cette porte d'un doigt révérenciel. J'avais peur car j'entrais dans un foyer d'artistes : une pianiste et une couturière. La première chose que je vis fut le piano, à gauche, dans le petit salon de Caroline Raison. Les pièces de la maison étaient minuscules et le piano prenait toute la place. À droite de l'entrée se trouvait l'atelier : une table couverte de tissus, des épingles partout, une machine à coudre, des mannequins de toile et de carton, un univers.

J'avais, j'ai toujours du mal à m'asseoir bien droit devant le clavier. Caroline Raison insistait sur la position. Elle prenait le piano au sérieux : elle était musicienne et l'enseignement était son gagne-pain. J'étais un enfant, pas particulièrement doué et paresseux en diable ! Pour moi, le travail véritable, c'est de rêver. Sans doute est-ce le seul exercice intellectuel que je place très haut ; les autres sont domestiques : réfléchir, escompter des résultats, écrire même, qui me permettent de m'affirmer devant moi-même. Mais rêver ! Au lieu de faire des gammes, d'exercer mes doigts, d'obliger ma colonne vertébrale à se redresser, j'allais m'étendre à plat ventre dans un coin, la tête entre les mains, un livre devant moi et je rêvais. Là était ma vraie musique. Caroline téléphonait à la maison pour se plaindre. « Il est doué (quelle femme généreuse !) mais il ne travaille pas ! » Ma mère m'obligeait à faire des gammes. Ma facilité me permettait souvent de m'en tirer à bon compte. Caroline Raison était-elle ma dupe ? J'en doute. Elle devait se dire, au contraire : «Pourvu que ça dure !» — se moquant de ma paresse, des mes faux progrès, de ces gens qui obligent leurs enfants à apprendre le piano, non par amour de la musique, mais par besoin de briller. Au bout de deux ans, elle cessa de téléphoner. Par contre, les leçons qu'elle me donnait prirent un curieux caractère d'épreuve. Non pas que nous luttassions l'un contre l'autre, Caroline et moi. Dans le conflit autour de la paresse pianistique, je l'emportais, si je puis dire, haut la main. Et j'avais le triomphe modeste. Mes leçons n'étaient jamais mal préparées. Elles étaient celles d'un élève médiocre. Or, je savais que Caroline Raison estimait que j'eusse dû faire mieux, que sans être un Cortot, j'avais un sens inné de la musique, de ses proportions, de ses rythmes et que ce talent, je refusais de l'exploiter. Après dix-huit mois d'enfantillages, elle ne me dit plus : «Il faut mieux travailler», ou «Un petit supplément de gammes pour la semaine prochaine?» Rien. La semaine suivante, lorsque je la vis, elle tenait à la main une aiguille à tricoter. Je me dis : «Tiens, la voilà qui tricote maintenant!» Rien à cela de rare ou d'improbable. Ma mère et mes sœurs tricotaient, ma grand-mère tricotait, en somme toutes les femmes que je connaissais tricotaient. Sans doute la modiste elle-même, en plus de manier l'aiguille, tricotait-elle. Je ne me doutais pas que cette aiguille m'était destinée.

Une première fausse note, vlan! un coup d'aiguille sur la main; une autre, sur l'avant-bras; une troisième, sur la cuisse. Non pas des coups violents. Finaude, la Caroline! Pas de marques sur la peau, ni le moindre liséré rouge. Un travail d'artiste. Simplement, tenant fermement l'aiguille par son bouton, un petit coup sec de son poignet sur le mien, accompagné d'une explication, la voix calme, le timbre naturel, comme si toute remarque au piano devait être précédée du sifflement d'une aiguille à tricoter. Comment réagir? Ces coups ne me faisaient pas horriblement mal. Tout au plus un pincement, un rappel à l'ordre un peu aigu. Parfois, comme sans y faire attention, Caroline forçait la note et je poussais un petit aïe! de chat mouillé. Ceci dit, il y avait des accalmies.

Mais, du bout de son aiguille à tricoter, elle suivait toujours le déroulement de la portée. Moi, je sentais sa présence à mes côtés, sa robe grise, ses cheveux lisses, son chignon, son regard doux. Sa main aussi, avec, entre le pouce et l'index, l'aiguille agile.

De ces tortures je ne soufflais mot à personne, ni à la maison, ni à l'école. Je craignais qu'on ne se moque de moi. On m'aurait donné d'autant plus tort que vivait, dans la maison de Caroline Raison et de sa sœur, une troisième personne, sœur des deux autres, qui exerçait sur moi une curieuse fascination, faite d'horreur et d'attirance. Cette sœur tierce me paraissait un monstre. Qu'on me pardonne, j'avais six ou sept ans et n'avais connu jusqu'alors que des êtres sains, rieurs, joufflus, élégants et souvent fantasques.

Mon expérience des monstres (si l'on veut) était donc singulièrement limitée. Ainsi, «Zotique est un monstre!» disait ma grand-mère parlant de mon cousin. «Il a abandonné ses vieux parents.» Était-ce une raison suffisante? Je ne me posais pas cette question, puisque je n'avais que six ans, mais mon cœur ne balançait pas. Il était du côté des fils qui s'éloignent de la maison paternelle sans tourner la tête. La sœur de Caroline Raison, qu'on appelait Ninon, c'était tout autre chose. Elle était cul-de-jatte. Vieille, bouffie, la bouche ouverte, émettant salive et sons inarticulés, le cheveu rare, le teint jaune et luisant, les yeux vitreux sous d'énormes sourcils, elle allait et venait, de par la maison, écrabouillée sur sa table à roulettes, se propulsant par un mouvement des bras semblable à celui d'un rameur. Elle venait vers vous avec la rapidité de l'éclair, en poussant des gloussements. La plupart du temps, d'excellente humeur. Pas du tout réduite à quia par son état. Au contraire, selon toutes les apparences, heureuse de vivre, aimant sa famille, assoiffée de tendresse et n'hésitant pas à donner libre cours à la sienne. Je crois, la malheureuse, que je ne lui déplaisais pas et que c'est pourquoi mademoiselle Raison m'avait conservé parmi le troupeau des élus ; afin de ne pas faire de peine à Ninon. Elle connaissait les horaires de chacun des élèves. Plus tard, j'appris que certains d'entre eux ne l'avaient jamais vue. Sans doute l'instinct la guidait-il. J'ouvrais la porte, après avoir sonné. Ninon m'attendait et, d'un geste maladroitement pathétique, me tendait les bras. Voulait-elle que je l'embrasse? Je m'y refusais, feignant de ne voir que le piano, à gauche, et me dirigeant vers lui d'un pas résolu, brandissant ma serviette comme un bouclier. Je ne lui jetais même pas un regard. Mon mépris viscéral devait irradier. Ninon ne quittait pas la pièce. Elle semblait réfléchir, l'espace d'une seconde, puis elle faisait un quart de tour et me regardait, mais de loin, sans approcher. Je lui gâtais sa journée. Elle devait se poser mille questions, toutes commençant par: «Pourquoi?» car elle avait l'habitude d'être choyée. Caroline entrait à son tour dans la pièce. Je me levais, près du banc du piano. Elle se penchait sur sa sœur, murmurant des paroles à moi inconnues et indistinctes, une sorte de récitatif glouglouesque, et la poussait doucement hors de la pièce. Ninon ne faisait pas mine de résister. Caroline Raison, sèche d'habitude, en éloignant sa sœur, prenait l'air souple d'une mère qui borde son enfant. Je sentais profondément tout cela, mais j'étais bête et grossier dans mon for intérieur. J'étais un enfant gâté et vulgaire. Ma sensibilité comprenait tout, mon intelligence et ma générosité de cœur, rien. Une seule fois, Ninon refusa de partir. Elle émit des grognements. Sa sœur devint impérieuse, son mouvement de rejet se précisa et Ninon se retrouva dans la pièce arrière dont j'entendis se refermer la porte sèchement. Livrée à elle-même, l'infirme poussa un cri de désarroi et de rage. Elle pleurnicha ensuite un peu et ce fut le silence. Sans doute s'était-elle remise à ses travaux d'aiguille, car on disait que les magnifiques broderies qui relevaient les créations de la modiste, étaient d'elle.

Ce jour-là je ne reçus aucun coup d'aiguille à tricoter. J'étais devenu irrécupérable. À peine un mois plus tard, Caroline téléphona pour dire que j'étais une brebis perdue. Je cessai d'aller et de revenir et n'appris jamais à jouer convenablement du piano.

Parmi les inventions modernes, l'une a charmé mon enfance, la radio. Notre poste était un meuble d'acajou, haut sur pattes, dont le sommet recélait un tourne-disques. J'appris vite à manier les boutons. La découverte de mes dix ans fut l'opéra, à laquelle vint s'en ajouter une autre, les concerts du samedi de l'Orchestre philharmonique de New York ou de celui de Boston. Les orchestres américains de cette épo-

que, que dirigeaient Toscanini, Stokowski, Mitro-
poulos, Monteux, avaient une vigueur qui a disparu
à mes oreilles. Mes lectures m'avaient fait connaître
les noms de Beethoven, Haydn, Mozart, Wagner,
Haendel et, bien sûr, Bach. J'habituai mon oreille à
suivre le mouvement des masses et des instruments.
J'entrai en musique comme, dans un conte d'enfant,
ou chez Heine, le chevalier entre dans la forêt de
Merlin. Il y rencontre une femme irrésistible qui
l'entraîne dans son château, prisonnier des charmes.
Je me suis souvent dit depuis, et c'est l'un des regrets
les plus vifs de ma vie, que j'aurais pu devenir musicien, malgré mon absence d'oreille. Pianiste, un peu.
Compositeur, surtout. J'aurais aimé maîtriser cette
écriture, la plus haute. Que nous disent les musiciens? Leur âme, avec toutes ses composantes, se
glisse dans la nôtre et nous transforme en nous
révélant à nous-mêmes. Les dérivations de sons et de
rythmes sont telles qu'il est impossible d'éviter ce
flottement intellectuel et moral qui rend la musique
si troublante. En un mot, quiconque se laisse prendre à cette inconnue, n'aura de cesse qu'il ne l'ait
suivie dans son château, prisonnier volontaire. J'en
suis venu au point de ne pouvoir plus écouter qu'une
musique que j'appelle la musique à mystère. Les
compositions de Fauré pour piano, comme celles de
Bach ou de Couperin, les sonates de Mozart pour
piano et violon, représentent à mes oreilles cet univers auquel, faute de mieux, je ne peux accoler que
l'adjectif «métaphysique». En les écoutant, je m'en
vais ailleurs. Et cet ailleurs, enfant, déjà je le recherchais. Je sais que je le chercherai toujours.

Je me revois, dans ce salon, par un après-midi de samedi d'hiver, assis sur un pouf devant l'appareil de radio, pouf de cuir rouge, à stries jaunes et noires. Le tapis est multicolore, sans doute persan. En face de moi, un peu à gauche, deux fauteuils de cuir qui encadrent la cheminée et, devant elle, un canapé. Au dos de ce canapé, à portée presque de ma main, une table étroite, recouverte de journaux et de revues ; avec un bouquet de fleurs dans un vase. Au fond du salon, toujours à gauche, une grande arche qui mène au boudoir. Au mur, un miroir où j'aimais me jouer la comédie. Pièce chaude, que remplissaient les accords venus de New York ou de Boston. Mais venus aussi de plus loin : de Vienne, avec Beethoven et Mahler, d'Helsinki avec Sibelius, de Paris avec Berlioz et Debussy, de Londres avec Elgar, de Munich avec Richard Strauss. On jouait une musique sévère, qui me paraissait souvent ennuyeuse. Mais je persévérais. Lorsque, plus tard, j'ai vu au cinéma «Le trésor de la Sierra Madre», je me suis retrouvé dans ces personnages qui s'acharnent. Je ne savais pas alors que je faisais mes premières classes et que j'apprenais, replié sur moi-même, l'art d'écrire.

Il n'était pas question d'aller au concert. Nous vivions isolés dans une ville qui aurait pu servir de décor à Tchékov. Je savais que d'autres personnes, à New York ou à Paris, ou même à Montréal, se réunissaient pour écouter de la musique. De grands artistes se produisaient en public. Tout ça, c'était pour les autres, au loin. Les concerts que j'entendais, c'était à l'église, à l'occasion d'un enterrement ou d'un mariage. J'ai, dès l'enfance, aimé l' « *In Paradisum* ». Dans le missel de ma mère je suivais la traduction de ces paroles. Hymne de l'hospitalité, de l'accueil que font à une âme heureuse de se retrouver chez elle, des anges qui l'accompagnent. Aux mariages, en plus de la «Marche nuptiale» de Mendelssohn, dont les accents tonitruants faisaient frémir l'église, j'entendais des mélodies d'amour, chantées par des voix du cru. Je montais au jubé. Je m'asseyais près de l'orgue. Les artistes arrivaient, en tenue de gala, les femmes portant de grands chapeaux de paille d'Italie et des robes de voile ou de soie. Je les regardais chanter, tout autant que je les entendais. J'étais leur voix. Avec elles, sur ses ailes, sur les ailes frémissantes du chant, je m'envolais par-dessus les invités dans la nef, loin par-delà les mariés même, jusque dans le ciel et ses nuages. Je surplombais ma ville, ses toits, ses maisons basses, ses églises, ses écoles, son couvent, les jardins, la rivière, ses ponts et ses chutes, au loin, notre lac. Je partais, porté par la musique, vers autre chose. Savais-je au moins ce que c'était? Non. Je faisais confiance à la vie. Elle saurait où m'entraîner à condition que je me livre à elle. Je partirais! Quitter les rêveries de l'enfance, s'enfoncer dans les réalités triomphantes de la vie! Ah! posséder le monde!

VI

Je n'ai jamais souhaité être autre que je ne suis. Très tôt, j'ai appris à rêver, à me réfugier dans des lieux magiques où je vivais selon mes besoins et mes humeurs. Thérèse d'Ávila enfant a beaucoup figuré dans mes rêveries. Je faisais partie de sa famille ; avec elle, frère cadet et enthousiaste, je partais évangéliser les sauvages de l'Amérique. Mais en cours de route, à Séville ou à Salamanque, noms qui ravissaient mon imagination, je devenais écolâtre, marchais dignement sous les portiques, portais l'habit noir des Espagnols du XVIe siècle, avec fraise blanche et toque de velours. Jamais je ne me transformais en mendiant de Murillo, ou en paysan de Le Nain. Enfant, j'ignorais les pauvres. Je n'aimais que les rois de France et les héros. Ces longues rêveries auxquelles je m'adonnais avec passion, qui me faisaient plisser le front et durcir les sourcils, n'étaient pourtant que divertissement. Ma vraie vie n'était pas ailleurs. Elle était au milieu des miens, de mes frères et sœurs, aux côtés de ma mère, de ma grand-mère, de ma tante et de ses trois filles. Je regardais tout, j'épiais tout, je savais tout, ma famille n'avait pour moi aucun secret.

Pendant les grandes vacances, mes sœurs revenaient au bercail. Elles invitaient des amies à la maison. J'entendais cette musique qu'est le rire des femmes, je les regardais partir, par de chauds après-midi, en robes légères, se tenant par la taille, se racontant des sornettes. Parfois, je devais avoir trois ou quatre ans, deux de ces grandes jeunes filles me donnaient mon bain. Délicieux instants pendant lesquels je barbotais, couvert de savon, entre les mains si douces, au milieu des rires. J'avais du savon dans les yeux. On m'essuyait avec tendresse et je me laissais faire. L'une de ces visiteuses s'appelait Annette Charbonneau. Elle fut mon premier amour. Elle était grande, blonde, le visage ouvert et les yeux pétillants de malice. Et comme elle savait rire! Le roucoulement commençait au milieu d'une phrase, qu'elle avait du mal à terminer tant l'envie de rire était forte; elle s'interrompait pour glousser, essayer de retenir les harmoniques du rire conquérant; impossible, elle éclatait soudain et les accents de son rire se logeaient tout entiers dans sa gorge. Pendant ce temps, les mots tentaient de se frayer un chemin. Personne ne savait plus de quoi il s'agissait, mais peu nous importait. Comme il était agréable de rire d'un rien! Il y avait parfois dix femmes à la maison; avec mes deux frères, nous n'étions d'hommes que trois. Mes frères déjà grands naviguaient entre les écueils; moi, je me laissais entraîner dans le sillage d'une féminité qui remplissait mes jours de ses parfums et mes nuits des grottes marines de Circé.

L'été surtout était le temps des réjouissances. Nous nous retrouvions réunis pour les vacances. C'était le doux farniente. Maman se levait tôt, déjeunait de quelques morceaux de pain grillé et de thé, mettait son chapeau de paille et ses gants de jardin et disparaissait dans les plates-bandes. Ceci vers les six heures. Elle commençait sa tournée du jardin par le potager, bêchait, sarclait, tempêtait contre les mauvaises herbes. Elle eût aimé que l'un d'entre nous quittât son lit pour la seconder ; peine perdue, nous préférions la chaleur et le calme de nos chambres. Mais, entre deux sommeils, nous l'entendions discuter avec son aide d'occasion, monsieur Verdon, de carottes et de navets. Pour les fleurs, c'était autre chose ; elle n'en parlait à personne. C'était son domaine privilégié. Ma mère se gavait de fleurs et de couleurs, d'odeurs précaires, en prévision de l'hiver, toujours présent au fond de nos cœurs.

Nous le savions inéluctable. La vive explosion du jardin, les lilas en fleurs, les tulipes que suivaient bégonias, iris, roses pâles, hortensias, le gazon d'un vert tendre nous donnaient l'illusion d'un été éternel.

Cependant, l'essaim des jeunes filles se levait, prenait peu à peu son essor. Ulysse voyant Nausicaa (de toutes les jeunes filles, la plus jeune fille) ou Ronsard devant Marie, n'ont pas marqué leur étonnement joyeux avec plus de joie que moi devant mes sœurs et leurs amies. Je les suivais partout du regard ou de la pensée. Du salon où déjà j'étais plongé dans un livre, je les entendais au premier se lever, faire un brin de toilette. Elles descendaient l'escalier en courant et passaient à table. À l'odeur du café et du pain grillé se mêlaient les rires étouffés, le va-et-vient de la cuisine à la salle à manger, l'échange à voix basse de ce que je devinais être des aveux. J'allais dire bonjour. On ne me recevait pas toujours comme un prince. J'interrompais des confidences. Peu m'importait. Je prenais part, qu'on le voulût ou non, aux rires et aux jeux. Elles remontaient faire leur toilette, redescendaient, allaient et venaient, faisaient des courses, organisaient des soirées. Le temps filait comme l'éclair. Le soir, elles partaient faire un tour dans la grand-rue où les épiaient des galants, deux par deux, se tenant par le bras ou la taille, la démarche fière, toutes à leur charme. À peine répondaient-elles aux salutations des jeunes mâles. Sans doute, d'un pâté de maison à l'autre, rêvaient-elles à l'amour éternel, celui qui est lové dans le cœur de toutes les jeunes filles. J'admirais leur démarche lente, le corps qui ployait et se relevait comme un bateau sur des vagues somnolentes. Elles redressaient une mèche ou se tapotaient le cou et leurs bras luisaient. Étaient-elles jolies comme je les imagine ? Sans doute puisque les garçons sifflotaient sur leur passage et qu'entre elles, elles roucoulaient. Mais ces plaisirs du soir étaient de courte durée, car il fallait rentrer tôt. On ne badinait pas avec l'heure et, la nuit venue, les jeunes filles de bonne famille se retrouvaient à la maison. Je les y précédais afin d'entendre les commentaires amusés. Ces belles attitudes étaient un leurre. Elles se moquaient ouvertement entre elles de leurs admirateurs. Ces garçons qu'elles feignaient de ne pas connaître, elles savaient leurs noms. D'où venaient-ils, combien gagnaient-ils, avaient-ils un avenir ? La réponse fusait. Elles riaient de leurs prétentions, de la grossièreté de leur langage. Étaient-ils même des hommes ? Elles faisaient l'éloge d'un professeur d'histoire qui, au pensionnat, traînait tous les cœurs après lui. Auprès de ce charmeur, les jeunes gens de notre ville n'étaient que des malappris. Mes frères arrivaient-ils, autre changement d'attitude. Elles s'enquéraient longuement d'un tel, de son caractère, de ses antécédents, ces questions se perdant dans un flot de remarques anodines. La trame n'en était pas moins visible. Je ne savais plus à quoi m'en tenir. J'en parlai un jour à mon frère aîné, dont la gouaille et les succès faisaient mon admiration. Il se moqua de ma naïveté ; j'avais neuf ans. Il me cita le distique de François 1er : Souvent femme varie / Bien fol est qui s'y fie. Sans doute se croyait-il un grand cynique. Je réfléchis à ces vers de connaisseur. Je suivis mes sœurs et leurs amies car j'y trouvais un plaisir subtil, mais à distance de plus en plus respectueuse. L'été de mes dix ans, je cessai tout commerce avec elles ; la lecture prenait l'essentiel de mon temps. Je ronchonnais, j'étais même hargneux. L'homme perçait.

Mes frères et sœurs m'aimaient tout en me considérant un peu comme quantité négligeable. J'étais le bon dernier, trop enfant pour faire partie du sérail, pas assez pour que tout échappe à mon regard perçant. Dans le lac de la famille, j'étais un îlot. Je ne trouvais personne à qui parler, sinon ma mère. Je l'aimais passionnément. Elle éclairait ma vie comme un soleil, je me tournai de plus en plus vers cette lumière. Je la regardai vivre, parler, commander, prier. Je l'accompagnai de plus en plus souvent à la messe. Je devins son chevalier servant. Elle eut vite cinquante-cinq, presque soixante ans, mais je n'avais cure de son âge ; elle me paraissait jeune et, de toutes, la plus belle.

Sa meilleure amie s'appelait madame Lalonde. Je ne l'ai jamais connue que minuscule, repliée sur elle-même, faisant toujours l'étonnée, allant et venant dans sa maison, petite comme elle et d'une propreté exquise. Son mari, ingénieur des forêts, passait de longs mois dans la neige et le froid, allant d'un chantier de bûcherons à l'autre, arbitre sévère des travaux. C'était un homme qui parlait peu, trop grand pour la maison, dans laquelle sa femme s'affairait, allant d'une petite pièce à une autre petite pièce, rangeant une potiche, essuyant un vase, faisant luire les fenêtres au soleil de l'hiver. Dans cette maison, j'étais presque comme chez moi.

Bien que nos maisons fussent presque voisines, ma mère et son amie se parlaient surtout au téléphone. Elles partaient toutes deux du principe qu'il ne faut jamais être trop intime et ne se voyaient que le dimanche après-midi ou à l'occasion de quelque fête. De quoi s'entretenaient-elles? Des mille riens de la vie, des affaires de la paroisse, du passé dans la province de Québec. Ma mère était née à Montebello, madame Lalonde à Côteau-du-Lac. Elles étaient fières comme Artaban de leurs origines. Maman célébrait les Papineau, seigneurs du lieu. Elle entrait dans des détails historiques et généalogiques qui nous passionnaient; nous nous retrouvions soudain en Italie, dans la région des Lacs, avec le grand, l'illustre Louis-Joseph, ou aux abords du château à la suite de Louis-Joseph-Amédée.

Madame Lalonde n'avait pas connu la famille Papineau, même de loin. Elle n'avait pas baigné dans la lumière de l'histoire. Mais elle possédait une maison à Côteau-du-Lac où elle se rendait l'été. Elle n'avait pas coupé physiquement ses liens avec le Québec, comme nous avions fait. Elle y avait des attaches. Pour nous, le Québec était devenu, en l'espace d'une génération, une sorte de mère-patrie.

Les grandes querelles racistes, une véritable guerre, qui mirent aux prises en Ontario la minorité française et la majorité anglaise, autour de l'école et de l'enseignement du français, n'apparurent trop souvent aux Québécois que comme un épisode dérisoire et lointain. Nous méprisions cette faiblesse et cette absence d'éducation historique. À cet égard, les Québécois, dans leur ensemble, sont tout aussi incultes aujourd'hui qu'ils l'étaient alors. L'abbé Groulx tenta de les remuer; en vain. Mais l'abbé Groulx est au milieu d'eux comme un phare d'une luminosité céleste qui éclaire une mer morte. Ceux qu'on appelle aujourd'hui les Franco-Ontariens, et dont je suis par mes origines, sont combatifs et sans illusions. Déjà, enfant, je n'entendais parler que de notre avenir. Mes parents et leurs amis en discutaient avec fougue. Les mots qui revenaient le plus fréquemment étaient ceux de droit, défense de la langue, religion, fierté, humiliation, justice, lutter et toujours lutter. Nous avions nos héros comme le sénateur Belcourt, nos monstres, comme les évêques Scollard ou Dignan. Nous savions que le haut clergé, le délégué apostolique, Rome même souhaitaient notre perte. J'ai connu très tôt le discours de Notre-Dame de Bourassa. Nous avions la certitude en nous que nous ne devions pas compter sur nos cousins québécois. Ils sont persécutés, disions-nous, mais d'une façon abstraite; nous l'étions concrètement. Le Québec nous attirait et, en même temps, ne nous ouvrait ses portes qu'à demi. On me reproche encore aujourd'hui, dans certains milieux, de n'être pas un «vrai Québécois». C'est comme si un Français de 1900 avait accusé Barrès de n'être pas un vrai Français.

Poussé jusqu'à l'extrême de sa logique, cet état d'esprit mène une nation à l'autodestruction pure et simple. J'entendais discuter de toutes ces choses, j'apprenais à aimer mes origines françaises, à vouloir en affirmer l'éclat. L'enfant que j'étais fut profondément marqué, jusque dans ses réactions les plus instinctives, par ces propos où souvent les roulements de tonnerre de la passion se faisaient entendre. Je me rendis vite compte que la conscience politique ne peut prendre forme que dans le bruit des combats. Il m'est surtout resté de ces discours qui faisaient vibrer mon jeune être un cynisme presque total en matière politique. L'histoire de notre nation est celle de trahisons qui s'enfantent les unes les autres. Je m'asseyais dans un coin du salon sur un pouf. Sans doute se disait-on qu'un enfant n'entendrait rien à ces histoires de marchandage des âmes ; je ne comprenais pas tout, mais j'ai su très tôt que j'appartenais à une race vaincue, que ses élites utilisaient pour faire carrière et qu'il en serait encore longtemps ainsi. À dix ans, je me rebiffais ; j'éclatais ; mon sang ne faisait qu'un tour. Aujourd'hui, j'ai honte en silence.

Tout ceci parce que madame Lalonde, l'amie de ma mère, avait une maison à Côteau-du-Lac et que le Québec figurait une patrie lointaine et revêche.

Ma mère avait d'autres amies, bridgeuses comme elle, mais l'une d'elles occupait une place à part. Elle s'appelait madame Pierre et elle était Française. Mes sœurs, curieusement, n'aimaient pas madame Pierre. Ma mère, que cette animadversion indifférait, m'amenait à sa traîne lorsqu'elle lui rendait visite. Je portais les paniers vides à l'aller, regorgeant de toute sorte de bonnes choses au retour. Au fond, ce qui nous unissait, maman et moi, dans ces visites, c'était notre passion viscérale pour l'accent français. Nous arrivions et madame Pierre nous accueillait par un babil qui déjà nous faisait croire que nous étions en France. Elle nous entretenait sous une tonnelle, nous offrait du vin et des gâteaux de sa fabrication et nous parlait. De son enfance, de sa famille là-bas, de son éducation, des mœurs et coutumes; au fond, d'un peu n'importe quoi. Je crois que maman au cours de ces visites, redevenait l'élève qu'elle avait été. Elle posait des questions, discutait, cherchait à mieux comprendre, mais je devine que son esprit, surtout, attrapait au vol une locution (qu'elle utilisait plus tard), baignait dans la musique de ce langage. Nous rapportions certaines de ces expressions à la maison; elles font partie de notre folklore. Ainsi, madame Pierre disait à son mari : «Monsieur Pierre, vous avez oublié de donner à boire aux pétunias.» Cette façon de dire cérémonieuse et terre-à-terre nous amusait beaucoup. Que d'heures j'ai passées sous cette tonnelle à écouter des conversations dont j'ai tout oublié. Tout comme de mes échanges avec madame Laflèche, entre deux coups de fer à repasser. Il ne me reste de ces voix lointaines («la voix vous fut connue et chère» dit Verlaine), des attitudes de ces femmes assises et devisant sans tenir compte des heures, qu'un rythme, qu'une certaine façon d'imprimer à la phrase un élan. Mieux encore, je crois qu'elles m'ont enseigné le respect du langage. Chaque mot a sa vie et la vie d'un mot précède la mienne; elle la dépassera. Nous serons depuis longtemps sous la lame, que les mots que nous employons sans souci de leur honneur courront encore. Il n'existe pas de lien plus subtil et plus durable entre deux êtres que celui du langage. Les vocables se plient à l'amour et les amants ne se parlent qu'à demi-mot. Lorsque madame Pierre et ma mère discouraient, elles abolissaient le temps et l'histoire, toutes deux vouées au même culte, celui d'une langue qui est comme un dieu, inépuisable. Dans mon for intérieur d'enfant qui grandit, j'ai ressenti fortement la vérité magique de ce rapport. Déjà, c'est certain, les mots vivaient dans mon esprit leur vie particulière. Je cherchais d'instinct entre eux les corrélations infinies ; je les associais à la notion de mesure, à celle de nombre, à celle de densité. Le mécanisme qui conduit à l'écriture se mettait en branle. Par souci de ce que je deviendrais, je me plaisais à écouter deux femmes éprises de beau langage. Et lorsque nous repartions, maman et moi, avec nos paniers chargés de fleurs et de fruits, c'était aussi un éclatant bouquet de paroles que nous rapportions.

Bien plus tard, lorsque mourut ma mère, madame Pierre remplit de fleurs notre salon. Ma mère reposa au milieu d'elles, dont les pareilles avaient entendu sa voix. Il me semble qu'il y a là une leçon, mais je ne sais pas encore laquelle.

VII

J'ai vécu douze ans dans ma ville natale, de ma naissance à mon départ au collège de Sudbury. À cette époque (1925 — 1938), Sturgeon-Falls comptait environ 6 000 habitants, 3 500 francophones (on n'employait pas cette expression à l'époque; on disait Canadiens français, ou plus uniment, Canadiens) et 2 500 Anglais. Les Canadiens parlaient tous anglais; je ne me souviens d'aucun Anglais qui parlait le français. Le bon voisinage était de rigueur. Nous habitions rue Lévesque. Notre maison donnait sur la grande route; la rue Lévesque menait à l'église. Voici les noms des habitants de cette rue, depuis notre maison jusqu'à l'église du Sacré-Cœur, notre paroisse, dont le curé était Mgr Lécuyer. Côté ouest, nous; ensuite, Barton, Marleau, Lalonde, Lévesque, Legault, Bourgault, Hunault; côté est: Marleau, Paiement, Mageau, Michaud, Théoret, Serré, Gagné, Guindon, Lévesque. Tous ces noms, sauf un, sont français. Bon voisinage, certes, mais surtout chacun sur son quant-à-soi. Les plus anciennes familles de la ville étaient anglaises, les Cockburn, employés du chemin de fer Canadien Pacifique, qui avaient donné son nom à notre ville. Certains «exaltés», une Mme Cousineau en particulier, férue de littérature, habituée du courrier des lecteurs du *Droit*, auraient voulu qu'elle portât un nom français, la faire passer de Sturgeon-Falls, aux Chutes à l'Esturgeon, ou encore à l'Esturgeon. Devant ces propositions, la Société des chemins de fer (CPR) dressait un mur d'indifférence, feignait de n'avoir pas reçu les lettres de la redresseuse de torts. Mes concitoyens admiraient en Mme Cousineau la femme savante. Il ne leur serait pas venu à l'idée de lutter pour un nom. Venus du Québec, sans formation politique, souvent ignorants ou analphabètes, ils n'avaient qu'une idée en tête : s'intégrer en Ontario à condition qu'on leur permette d'envoyer leurs enfants à l'école française et leurs malades dans un hôpital catholique et français. Toutes les villes des alentours portaient des noms anglais, choisis par des ingénieurs du CPR : North Bay, Cache Bay, Verner, Crystal Falls, Sudbury et ainsi de suite jusqu'à Vancouver. Aller vers l'ouest, c'était pénétrer en pays anglais. Nous appartenions à cette mouvance. Nous étions minoritaires et citoyens de seconde zone. Lorsque Mme Cousineau entonnait son hymne nominaliste, on lui répondait : Et au Québec ? Valleyfield ? Coteau Landing ? Certains ajoutaient méchamment : Three-Rivers ? Médecin, guéris-toi toi-même. Nous, les héros du Règlement XVII, n'avions de leçon à recevoir de personne. Le Québec nous ignorait. Mais que n'ignorait pas le Québec ?

En vérité, nous sentions peu la présence anglaise. Il y avait des temples dans la ville ; une église anglicane, une autre presbytérienne, une troisième unitarienne (qui niait au Christ sa divinité). Nous enveloppions ces sectes dans le mépris auquel ont droit les hérétiques. Anglais et protestants formaient un groupe compact, replié sur lui-même jusqu'à ne pas acheter chez les marchands canadiens-français, faisant ses emplettes à North Bay, ville anglo-raciste, ennemie de tout ce qui est français. Le clivage entre Français et Anglais était tel que c'est à peine si nous nous connaissions. Ma mère n'avait aucune amie anglaise. Notre voisine immédiate, Dorothy Barton, était une voisine, sans plus. Plus tard, elle me prêtera à lire, John Buchan et Hugh Walpole.

Une fois par an, les Anglais faisaient sentir leur présence, et menaçante. Les Orangistes célébraient l'anniversaire de la bataille de la Boyne, qui marqua le triomphe de Guillaume III d'Orange (1690) et la défaite du catholicisme en Angleterre. Ce jour-là, les Orangistes du coin s'agglutinaient en procession, leurs rangs grossis par des apports de North Bay et de Sudbury. Nous reconnaissions ces étrangers à leurs mines patibulaires. Hoplites sur le retour, ils avaient une allure résolument pickwickienne, bedonnants, la jambe courte et grêle, le nez libationnel. Nous étions loin des francs-maçons de *La Flûte enchantée*. Leurs yeux les trahissaient, glauques, porcins, venimeux, cependant secs. Ces messieurs portaient un tablier de satin, un collier de bourgmestre et un tarbouche rouge à gland vert. Nous les regardions, enfants, défiler de par les rues, groupe éminemment tératologique à nos yeux, et qui, cependant, nous faisait peur. Nous devinions que, derrière ces minables, c'était une majorité haineuse, hypocritement, qui se cachait et qui, à l'abri des circonstances, n'hésiterait pas à agir contre nous. J'aimais particulièrement le joueur de cornemuse, vêtu à l'écossaise, jupe multicolore à plis, demi-bas de grosse laine, un poignard sur le mollet, souliers patauds. Il soufflait dans sa baudruche, ressemblant à un écureuil aux joues pleines de noix ou de pistaches, les yeux exorbités sous l'effort. Sa tête bougeait selon le rythme et, recouverte d'un béret à rubans qui voltigeaient, ressemblait à celle d'un animal paré pour la fête qui ronronne et crachotte.

Où allaient-ils, après avoir affronté leur public français et catholique ? Nous vivions tous ensemble, côte-à-côte, dans la rue, au cinéma, dans les restaurants. Parfois, maman nous amenait manger à l'hôtel, le Windsor, qui appartenait à la famille Chaput et dont la cuisinière, Dorine Maisonneuve, avait grande réputation dans le canton. Aux tables voisines, nous reconnaissions les trognes des maçons, la face hilare du joueur de cornemuse. Nous les reconnaissions sans les reconnaître ; où commençait le mensonge ? où finissait la vérité ? Sans doute eux-mêmes, lorsqu'ils nous regardaient d'un air songeur, faisaient-ils les mêmes réflexions à notre sujet. Peut-être nous craignions-nous les uns les autres, nous qui aurions dû être les maîtres, eux qui l'étaient dans une bonne conscience si éclatante qu'elle aussi, mentait. Où allaient-ils ? Ils allaient festoyer dans le sous-sol de l'une de leurs églises, oubliant, au nom de l'unité du langage, les variations des sectes. Nous constations chaque jour leur ignorance politique. Ils ne pensaient que sous forme de slogans. Ce sont ces mêmes gens qui, en 1913, avaient appuyé de toute la conjugaison de leurs forces, le Règlement XVII. Nous connaissions leur puissance parce que nous étions victimes de leur bêtise. Aux ordres des chefs, ils obéiraient sans discuter. Ils se croyaient encore au temps de Cromwell ; en nous, ils voyaient les Stuarts. Imaginez, des Stuarts catholiques et qui parlent français !

Cependant, comme il faut vivre sa vie, que la nôtre, selon les lois des probabilités, devait s'écouler en Ontario, nous voisinions. Nos voisins immédiats s'appelaient Barton. Ils appartenaient à une famille propriétaire d'une scierie à Cache Bay, à cinq kilomètres de ma ville. Arthur Barton faisait la navette soir et matin. À la maison l'attendait sa petite famille, sa femme et ses trois enfants. Dorothy Barton avait grandi à Westmount, en milieu anglo-batave. Donc, elle ne parlait pas le français. Elle adorait son mari, de type écossais marqué, qu'elle poursuivait chaque matin jusqu'à sa voiture. Sweetie pie! Honeybunch! Goodbye! criait-elle, comme s'il se fût agi d'une expédition au pôle. Lui restait insensible à ces incantations. La voiture démarrait et le galant traversait les ponts. Le soir, il rentrait souvent tard, souvent éméché. Comme Dorothy, tapis au fond du boudoir, nous attendions son retour, ponctuant ses absences et retours de commentaires qui faisaient de nous un chœur grec dans une tragédie ratée. — Arthur n'est pas encore de retour. — Pourtant, il est bien six heures. — Un accident, peut-être? — Ce serait trop beau pour cette pauvre Dorothy! — J'entends un moteur. — C'est lui. — De quoi a-t-il l'air? — Pompette. — La pauvre! La voiture s'arrêtait, Arthur en descendait, sa femme se précipitait sur lui, comme une furie d'amour. Ses reproches se faisaient tendres. Arthur était un homme de silence et de fuite. Nous n'avons jamais su ce qu'il pensait. Devant ce héros taciturne, le chœur de Sophocle n'avait rien à dire, sinon que la vie était ainsi.

À moi, très tôt, Dorothy prêtait des livres. À dix ans, je lisais l'anglais. Non pas que je comprisse tout.

Mais déjà, de cet instinct qui a fait de moi un liseur professionnel, je savais que, pour comprendre, il fallait se laisser porter par la phrase, que, d'un livre à l'autre, le sens des mots se préciserait, éclairés par différents contextes. Pour que cette technique porte ses fruits, il faut beaucoup lire. Or, j'aimais. Je me plongeai donc très tôt dans des œuvres romanesques anglaises, qui formèrent mon goût. Je l'eus mauvais, dès l'enfance, et mis plus tard vingt ans à retrouver le droit chemin. Je lus Walter Scott, d'abord, *Quentin Durward*. Je m'attachai à la figure mystérieuse de Louis XI, à ses secrets, à son don du gouvernement des hommes. Je vivais avec lui dans la terreur propre aux rois du Moyen Âge. Comme j'aurais aimé être un membre de sa suite ! non pas un soldat bardé de fer, mais un conseiller, prêtre même, revêtu d'une robe fourrée de noir, à dos d'âne, participant de la gloire ténébreuse du roi. Non pas le roi lui-même, comme incapable de porter cette dignité. Secrétaire aux commandements ? Surtout, témoin, être à Louis XI ce que fut Commynes. Au moins, malgré une imagination qui se débridait dans la facilité, j'allais à l'essentiel, non pas au soldat de fortune (ombre de Vincent Monteil) mais au roi, directement, repoussant les intermédiaires. Mon adoration, mon culte de dulie, des Capétiens, des Valois et des Bourbons vient de là, de Plessis-lès-Tours, du cardinal La Balue, de la fille de Louis XI, la grande Anne, dite de Beaujeu. J'essayai de mieux connaître cette figure, sa Cour, son temps. Je me plongeai dans l'*Encyclopédie de la jeunesse*. Déjà se faisait jour en moi le besoin d'aller plus loin.

Plus tard, je retrouvai Louis XI devisant sous forme de bourgeois avec le chanoine Claude dans son logis jouxtant Notre-Dame. Ni Scott ni Hugo n'ont déformé outrancièrement l'image. Louis XI a dû être cet homme au profil aigu, tranchant comme un couperet et subtil avec un sourire en coin. On peut même dire que Hugo lui a rendu justice. Il a fait de lui un roi moderne, ouvert, sensible aux frémissements de la croûte de civilisation. Entre le Moyen Âge et la Renaissance, que choisir? Fausse question pour nous, importante pour Hugo, qui croyait à une césure, le passé mauvais, le présent en point d'interrogation, l'avenir tout rose, les hommes meilleurs et plus heureux. L'idée de bonheur institutionnalisé, qui nous vient du XVIIIᵉ siècle (ce sommet de bêtise et de prétention) a gâché l'ère moderne. Hitler voulait rendre les Allemands heureux parce que maîtres, c'est tout dire. Le propre des grotesques est de vouloir transformer le monde. Plus simplement, Louix XI pensait à agrandir son pré. Le bonheur, c'est aussi que son jardin s'étende très loin, et soit bien tenu.

Malgré Walter Scott, Quentin Durward et, plus tard, la divine Rebecca, je ne crois pas qu'il soit licite d'imposer à un enfant la connaissance d'une seconde langue, surtout lorsque cette langue est celle du conquérant. On lui mine l'essentiel de sa personnalité. Autant, dans mon cas, que je devinsse Anglais tout de suite. L'unité de mon être a été fêlée. Le langage est tout en moi. Or, que se passe-t-il? L'enfant est l'ennemi du double. Il lui faut son père et sa mère; des frères et des sœurs, qui sont la famille, une maison bien à lui. Il possède parfaitement dans l'unicité. Une langue, une religion, un drapeau. C'est simple, c'est éternel, c'est ainsi. De drapeau, il n'était pas question. C'était un regret lancinant. La monnaie était anglaise, les chèques de même, à tous égards nous n'avions pas de pays. Le curé, mes parents, mes maîtres le savaient. Ils n'en continuaient pas moins à vivre, en demi-teinte, heureux encore d'être là. Tout cela, c'est-à-dire notre infériorité politique congénitale, se résorbait en colères soudaines, en mélancolie, en avidité d'humiliations, comme si notre coupe de détresse ne devait jamais être assez pleine. Fallait-il attendre qu'elle déborde ? Mon enfance a été marquée par cette dichotomie entre le tempérament si gai, si généreux dans son bonheur, dans son besoin de tout partager, de ma famille immédiate et la mélancolie historique où nous baignions. Au fond de moi, je savais que ma seule langue serait le français, qu'en elle seule je trouverais ma musique, qu'elle seule serait éternellement le dépositaire de ma vie, le calice de mon vin. Mais l'autre, la grande ennemie, Astarté, me faisait signe. Elle m'étouffait dans ses myriades d'anneaux. L'imagination dont elle est fille, qui a donné naissance à une littérature superbe et totale, m'aspirait en elle. À dix ans, je savais pourquoi était mort Shelley. Comment résister à la rencontre des mystères du rêve et de la force brute qui se déployait sous mes yeux ? Comment réconcilier le bûcher funèbre, dans le golfe de Gênes, et l'oppression sous-jacente dont j'étais la victime ? La technique anglaise d'appropriation, je l'ai connue depuis. Elle ressemble à celle des nécrophores. Elle travaille par en-dessous, douée de patience. Peu à peu, le vide s'approfondit sous vous, votre sépulture s'élargit, vous vous enfoncez sans vous en rendre compte, dans un trou où vous disparaissez. Ainsi l'animal en terrain mouvant qui s'agite, éperdu, se connaissant mortel enfin, mais peu importent ses rugissements à la vase triomphante. Dirai-je qu'enfant, je devinais ces choses? Non, car je n'avais pas à les deviner. Mon être essentiel portait en lui cette réalité, en sorte qu'aujourd'hui encore, 2 juin 1988, je me demande si ma nature elle-même n'est pas cette fissure, si je n'ai pas été condamné par le destin à n'être qu'une apparence d'homme, si, en moi, ne s'épanouit pas, en définition libre, la conjugaison des contraires. Je sais que j'ai toujours vécu les antennes dressées. Elles me guidaient vers la pensée de Lionel Groulx, vers ce phare. Elles m'ont mené jusqu'au nationalisme québécois, épanouissement de l'être, source de générosité et d'amour de l'humanité. Peut-être, avant de mourir, aurai-je trouvé cette patrie dont, enfant, je ressentais l'absence, cette patrie qui ne m'a jamais protégé. J'ai vécu toute ma vie dans ce pourissoir au creux duquel moi et les miens cherchons à nous lover, à nous faire petits, à disparaître même, pour survivre. Ô forces de la vie! Nous avancions traçant notre sillon comme avec un araire, instrument bien primitif à l'époque des tracteurs. Seule nous sauvait notre nerveuse robustesse, car de chefs, nous n'en avions pas. Le nom du sénateur Belcourt ne m'était pas inconnu. Il était le pendant de Wilfrid Laurier, dont nous ne parlions que pour célébrer sa beauté ou son éloquence. Sa photographie a orné un temps le mur de l'escalier. « L'homme à la langue d'argent » — soupirait grand-maman. J'entendais aussi prononcer le nom d'Henri

Bourassa. C'était le nom clé, qui ouvrait la porte sur la saga des Papineau, de Montebello, du grand seigneur, de la Petite-Nation.

Objectivement, tous ces hommes nous trahissaient, car ils n'aimaient que les demi-mesures. Faute de culture politique, dévorés par l'ambition et la volonté d'égaler une caste dirigeante anglaise à laquelle ils reconnaissaient l'honnêteté intellectuelle (quels veaux!), ils refusaient l'idée même d'indépendance. Ils croyaient à ce faux dieu politique, le Canada. Nous aussi étions attachés à ces terres immenses, que nos ancêtres avaient conquises, nommées, par la suite, fuies, sous le fouet du nouvel occupant. Laurier, qui procédait par intuitions, a dit que nous n'avions aucune idée politique, rien que des sentiments. Il a joué de notre amour de l'espace. Plus tard, bien plus tard, j'ai entendu Thérèse Casgrain pleurnicher sur «nos Rocheuses». Bien sûr, j'ai ri devant tant de simplicité, mais, mise à part l'approche en elle de la mort, j'ai eu un pincement au cœur. Ces mots me replongeaient dans mon enfance, dans les contes où les coureurs des bois revenaient du Grand lac de l'Ours, dans la taxinomie des beaux noms français, Des Groseillers, La Vérendrye. Dans la voix de Thérèse Casgrain, dans ses vibrations sentimentales, je reconnaissais celle de ma grand-mère, la magie du mot «Ouest». Les points cardinaux encadraient notre patriotisme canadien; le Sud, où dominaient les Américains, avec son enclave française des environs de Boston (Worcester, Mass. disait-on); l'Est, c'était le Québec, la mer, la France; le Nord, que nous tentions d'apprivoiser par des chansons:

Au pont du Nord
Joli cœur de rose (bis)
Un bal y est donné
Joli cœur de rosier.

L'Ouest restait azimut de prédilection. Il était ce que nous avions perdu. Nous savions, d'intuition certaine, que nous ne le recouvrerions jamais. Une sœur de mon père, tante Anna, avait été infirmière dans les tranchées, en 1914. Sur une photo, en uniforme, elle avait un regard impérieux. Après la guerre, elle s'était installée à Winnipeg, comme assistante sociale. Nous la voyions parfois apparaître, dans ses tailleurs anglais, peu à peu adoptant l'accent anglais, sûre d'elle, jolie jusque dans la vieillesse, intégrée à la fin, vaille que vaille, dans l'univers anglo-saxon. Elle avait choisi l'Ouest. Tout ceci, on le retrouve, sous une forme idéale et a-politique (donc anti-française) dans les souvenirs de Gabrielle Roy. Dans le melting-pot — rebaptisé multiculturalisme, en langue de bois canadienne — nous aussi, nous serons dissous. Lisant Gabrielle Roy, je me consolais en me disant qu'elle et son milieu avaient une conscience politique encore moins développée que moi et les miens. En vérité, nous logions tous, depuis 1867, à la même enseigne de la dépossession. Le but de cette longue traversée du désert historique, on le trouve dans François Villon en son épitaphe : Oncques de terre n'eut sillon. Ils y mettront mille ans de haine et de mépris, mais ce but sera atteint. La rime est riche, de Villon à sillon. Ce sera notre seule richesse, devant l'histoire.

Malgré les rires, l'éducation brillante de mon enfance, malgré le bonheur même, nous vivions dans l'appréhension historique. Quel serait notre destin? Avions-nous même droit au destin?

Je reviens à ma mère, qui est le leitmotiv de ce livre. Le matin, elle se levait donc la première. Elle priait à mi-voix. «Mon Dieu, je vous donne mon cœur.» La prière terminée, moins longue que celle du soir, elle descendait et se faisait un thé, qu'elle buvait brûlant. Parfois, le thé était trop chaud. Elle toussotait et se promenait de la cuisine à la salle à manger en se demandant si elle n'allait pas étouffer. J'ai hérité d'elle ce goût du thé bouillant et la crainte de mourir en cherchant mon souffle. C'était une femme qui mangeait peu, du pain rôti avec un brin de confiture et de grandes rasades de thé. Il était rare qu'elle ne prît pas son petit déjeuner seule. À quoi pensait ma mère, pendant ces instants de solitude? Personne ne descendait avant huit ou neuf heures. C'étaient de longues heures. Sans doute songeait-elle à l'instabilité des choses, à cette famille qui semblait ne jamais devoir trouver son assiette, à son veuvage, à sa mère, à ses sœurs, à l'argent dont le propre était de sortir de la maison sans jamais y rentrer. Sa fortune, qui avait été considérable, avait disparu au cours des ans. La mort de mon père n'avait rien arrangé et maman, qui nous dominait tous par la clarté et l'ironie de son intelligence, s'était révélée femme d'affaire piètre, n'ayant pas le courage d'exiger son dû, faisant confiance, au fond, méprisant le numéraire. Trop intelligente pour ne pas en reconnaître l'importance, elle n'est jamais arrivée à pactiser avec ce Satan. Le matin, elle devait faire des comptes, dont sa fierté refusait d'accepter qu'ils étaient absurdes. Le thé fumait, elle grappillait son morceau de toast, regardait par la fenêtre passer les gens qui allaient à leur travail. Les bruits de la maison étaient rares, jusqu'à ce que la paresse nous ennuyant plus qu'autre chose, nous nous levassions.

En descendant, nous la trouvions souvent assise à son petit bureau près d'une fenêtre qui donnait sur la grande route, écrivant à quelqu'un (mais à qui?) ou faisant ses comptes. Elle ne sortait pour ainsi dire jamais, sinon pour la messe ou une soirée de bridge, et sa vie se passait entre la cuisine, le salon, ce petit bureau rempli de lettres et de papiers, le jardin, le téléphone, les rumeurs qui venaient jusqu'à elle. Peut-être le plus grand, le plus violent amour de sa vie fut-il sa maison, premier et dernier reflet de son être. À la fin, appauvrie, elle refusa de la démembrer, d'en louer une partie, encore moins de la vendre, souhaitant y vivre jusqu'à ses derniers jours. Ce qui advint. Ma mère erra d'une pièce à l'autre, au milieu de ses enfants, tout un dernier été (1948). Elle savait, depuis un an, qu'elle allait mourir. Mais elle aimait son jardin, rentrer dans la maison, en sortir, la chaleur des belles soirées d'été lorsque tout est calme et qu'on peut discuter longuement de politique, la mélancolie de l'automne qui vient.

Dans notre ville, on trouvait deux familles qui faisaient fonction de bourgeoisie; les Lévesque et les Michaud. Nous habitions rue Lévesque, on trouvait aussi, dans les parages, une rue Michaud. C'étaient là nos pères fondateurs. Bien sûr, d'autres familles brillaient par leur ancienneté, les Mageau, les Legault. Ma mère admirait particulièrement Mme Louis-Philippe Lévesque, qui était une Legault et dont le frère, Théodore Legault, était notre député à Toronto. Il y avait là, par le jeu des mariages et de l'ambition, comme un noyau dur de pouvoir. Les Michaud et les Lévesque, à la fin du siècle dernier, s'étaient associés pour ouvrir un grand magasin, acheter immeubles et terrains, s'enrichir de conserve. La supériorité en affaires des Lévesque s'étant peu à peu affirmée, cette famille prédominait. Le chef en était M. Louis-Philippe Lévesque, distingué d'allure, galant homme par sa vêture, doté du sens du secret ; je ne l'ai connu que patriarche et collet monté. Sa famille réalisait ce miracle, tout en étant répandue, de vivre repliée sur elle-même. Monsieur Lévesque occupait une grande maison de brique, au centre de la rue qui portait son nom. À sa droite, dans une maison plus modeste, une belle-sœur veuve ; à sa gauche, la maison de bois, blanche et fière, des Legault. En face, une maison Michaud, celle de M. Achille, à la nombreuse progéniture, parmi laquelle brillait la petite Denise, à l'intelligence époustouflante.

Le magasin dit Michaud et Lévesque, auquel les Michaud n'avaient plus part que fictive, était à cent pas de notre rue. On y trouvait tout, et de tout. C'est un grand immeuble de brique rouge, carré, à étage. Au premier se trouvait une salle, qui occupait presque tout l'espace, où avaient lieu, hiver et été, des soirées qui réunissaient les premiers de la ville. En 1945, Hertel y prononça une conférence devant un public admiratif. La soirée se termina à brûle-pourpoint à la maison où ma mère et mes sœurs, désespérées, raclaient dans la cave les réserves de vin, crainte de sombrer dans le déshonneur. De son bureau à l'entresol, vitré comme il se doit, M. Louis-Philippe Lévesque surveillait ses employés et ses clients. Dans ce magasin, à l'âge de seize ans, j'ai trouvé mon premier emploi d'été ; réduit à l'arrière-boutique, je coltinais des caisses, assurais l'entretien des réserves. Je n'étais pas peu fier de cet emploi, obtenu grâce à ma persistance. Pendant une semaine, je montais chaque jour à l'entresol et suppliais M. Louis-Philippe d'utiliser mes talents. Il finit par céder, téléphona à maman, lui fit part de sa décision. Sans doute ma persévérance l'amusait-elle. Je me trouvais entouré d'employés qui me paraissaient centenaires et que la ville respectait, Roland Faucon (Monsieur Faucon), Adrienne Lévis (Mademoiselle Lévis), Madeleine Michaud. M. Faucon, par les soins de sa femme Berthe, eut vingt-quatre enfants. D'origine savoyarde, il était petit, dynamique, intelligent. Je revois son sourire, rare, moqueur, paternel. Il ouvrait le magasin, le fermait le soir, dévoué comme pas un, sévère aussi. Sa parole était un monde. Il régnait sur l'épicerie, donc sur moi. Je connaissais ce magasin par cœur, épicerie, quincaillerie, lingerie, mercerie, *nihil a me alienum*. J'en aimais les odeurs, les comptoirs vermoulus, les vitrines, les cartons indiquant les prix, les pesées, le large escalier central qui menait au bureau de M. Lévesque et à la comptabilité. Des gens allaient et venaient, certains ayant d'abord du mal à me reconnaître sous mon tablier blanc, poussant un chariot chargé de boîtes. J'étais mince, taquin, avec de mauvaises dents, l'air tout autant qu'aujourd'hui d'un homme du livre.

Ce magasin, je l'ai toujours connu tel qu'en lui-même et c'est à peine si, aujourd'hui (1988), il a changé. Enfant, bon dernier, je courais les commis-

95

sions. Manquait-il quelque chose, à la dernière minute, je me précipitais ventre-à-terre, bougonnant souvent, traversais la cour arrière de la maison, grimpais par-dessus une clôture, entre deux bâtiments, et me retrouvais dans une venelle qui dormait sur le square Jacques-Cartier. On y avait élevé une croix de pierre en 1934, avec une inscription reconnaissante et laudative. Je lui tournais le dos et en moins de deux minutes, me retrouvais chez Michaud et Lévesque. Vite, ceci ou cela. Je reprenais ma course en sens inverse et le repas pouvait commencer. Jamais mouche du coche ne fut plus active, ni plus fière d'elle.

Il y eut, un jour, un grand changement dans nos habitudes. Maman décida de faire du breakfast-room notre salle à manger quotidienne. L'ancienne salle à manger se transforma en salon de famille, où nous passions le plus clair de notre temps. Ceci advint lorsque j'étais déjà au collège. J'ai donc vécu mon enfance dans une maison à laquelle mon cerveau, avec l'âge, ressemble de plus en plus. Cette maison, de brique rouge, avait été construite, juste avant la guerre de 1914, par Mme Michaud, ancêtre des Michaud d'aujourd'hui. Cette femme avait beaucoup de goût, d'un goût qui rejoignait celui de ma mère. On sait à quel point les maisons canadiennes-françaises (et québécoises) sont centrées sur la cuisine, reste des traditions paysannes, souvent immense, lieu de réunions et de palabres autour du poêle à deux ponts. Rien de tel chez nous. La cuisine, c'était la cuisine, où mijotaient les plats. Nous y entrions pour aiguiser nos appétits, pour parler à maman ou à grand-mère, selon que l'une ou l'autre officiait aux rites. Nietzsche a écrit quelque part que si les femmes avaient su faire la cuisine, aucun homme ne serait jamais mort. Enfant, on m'a gavé de choses exquises et simples. Mon goût est sévère. Ainsi, je presse le pas lorsque me monte au nez une odeur, je ne dirai pas même de graillon, mais d'impureté culinaire; par exemple, celle, à Londres, du porc ou de l'agneau qu'on fait cuire à l'eau, sans ail. Je crois à la vie biologique, à la transmission des qualités et des défauts, à l'amour des siens autour d'une table, aux odeurs de la maison. Un neveu vient me voir. Il respire profondément: «C'est la même odeur que chez papa!» La biologie est une espérance. Où cela me mènera-t-il? Dans quelle sombre allée? Dans quelles Hespérides? Noir et blanc. Ma vie est faite de ces couleurs. Tout est nuit. Ombre et lumière. Je ne vois rien d'autre.

Quel enfant étais-je pour moi-même, dans la solitude? Étais-je même un enfant? J'en avais la vivacité, le don de déranger, la voix qui portait loin, l'imagination ludique, le besoin d'être aimé malgré mes défauts. En revanche, il y avait cette mélancolie qui s'accrochait à moi, plus vivace que le lierre, qui me gâtait mon bonheur. D'où me venait-elle? Très jeune, je me suis replié sur mon *taedium vitae*, fait de la certitude instinctive «de n'être pas comme les autres» et, surtout, de cette lucidité qui fait partie intégrante de ma nature.

Ce n'est pas que je visse sciemment ce qui m'entourait. Je n'en prenais pas la mesure réelle, je ne portais sur les faits et gestes de mes parents ou de leurs amis, aucun jugement de valeur. J'aurais été incapable de dire: ceci est bien, ou mal. Mon naturel me portait plus loin. Je voyais, sans m'expliquer à moi-même ce que j'avais vu. Mais cette vision ne quittera plus ma mémoire. J'engrangeais, je mettais de côté, pour plus tard. Lorsque je regarde, aujourd'hui, des photos de moi enfant, ce qui me frappe, c'est mon regard, doux, rieur et pour autant impassible et glacé. Les yeux, déjà, d'un solitaire.

J'aimais être loin des miens. L'escalier de notre maison se cachait entre le mur et une penderie; il donnait, au premier, sur un hall central. Une porte en retrait s'ouvrait sur un autre escalier, aux marches peintes en gris, qui menait au grenier. C'est dans ce grenier que je lisais, matin, midi et soir, près d'une fenêtre. Il y en avait trois. La première, ma préférée, surplombait notre potager et la maison de nos voisins Barton. Tout en lisant, je pouvais entendre les voix de la maisonnée, maman qui sortait dans le jardin, mon frère Jacques qui m'appelait (en vain) pour tondre le gazon, M. Verdon dans le jardin. Des bribes de phrases parvenaient jusqu'à mon livre. Des odeurs de cuisine montaient. À l'étage en-dessous, j'entendais remuer mes sœurs. Parfois, la porte s'ouvrait, on m'appelait de nouveau, je faisais le mort. L'autre fenêtre était obscurcie par le faîte d'un peuplier d'Italie. Elle s'ouvrait sur la grande route, la gare, des terrains vagues où, chaque année, des forains dressaient leurs tentes, leurs mystérieux étals, leur grande roue, où s'arrêtaient leurs roulottes. De mon observatoire, je voyais tourner la roue, j'entendais les cris éperdus des aficionados qui, rendus au sommet, se sentaient redescendre en tremblotant dans leur siège à bascule, et voyaient la ville à leurs pieds, proche et lointaine. Parfois, en fin d'après-midi, nous sommes à la fin d'août, mon cœur de garçon de dix ans était lourd. Les vacances touchaient à leur fin. Les bohémiens choisissaient à bon escient, pour venir vers nous, le crépuscule de l'été. Nous avions besoin, avant le retour à l'école, de faire le plein des bonheurs infimes. Un après-midi, je traversai les voies ferrées et m'aventurai seul en pays de Bohème. Je m'en tins d'abord aux kiosques et à leurs chalands. Bientôt, le spectacle des béats me pesant, je dirigeai mes pas vers les quelques roulottes qui abritaient les romanichels. Comment un enfant de dix ans porte-t-il ses pas? J'emploie cette expression à la fois surannée et hiératique parce qu'elle correspond à ce que j'étais alors. J'avançais prudemment vers un destin. J'avais subodoré dans l'univers des roulottes les troubles d'un parfum que n'avaient jamais respiré mes narines, mais dont elles devinaient les effluves. Je marchais lentement, l'air abstrait, le corps aux aguets. Oserai-je continuer ce récit? Et la pudeur de mon enfance lointaine? N'insulté-je pas à mon passé? Et le secret?

> Il ne faut point parler
> Aimons-nous en secret.(Po Kiu-yi)

Donc, j'avançai. Il y avait, autour de moi, peut-être six roulottes. Des chevaux, un peu à l'écart, dans un enclos rudimentaire, semblaient appartenir à un autre monde, ou venir de lui. Ils piaffaient et hennissaient doucement et de leur corps se dégageait une buée. Comme moi, ils s'ennuyaient. Entre deux roulottes, je voyais notre maison, le peuplier dont je venais de quitter l'ombre, les toits qui luisaient, argentés, au soleil. J'avançais comme dans un rêve, cependant connaissant la fin de mon aventure. Une voix, qui logeait dans la termitière de mon être, avait quitté la chaleur de l'âtre et m'appelait dans le froid. Elle m'appelait par mon nom, celui que je portais alors. J'allais vers elle et vers moi. Il n'y avait personne dans l'enclos des roulottes, ni femme, ni enfant, ni homme, tous au travail des saltimbanques, qui est de rendre la foule heureuse. Pourtant, mon instinct ne m'avait pas menti, cette solitude était habitée. Assis sur une marche, devant la porte de sa roulotte, un jeune homme me regardait venir vers lui. Lui ai-je parlé? M'a-t-il le premier adressé la parole? Que nous sommes-nous dit?

Comme tous les enfants, je rêvais de fuite, d'un départ qui m'éloignerait pour toujours des êtres que j'aimais. Emporté par la force de ce mystère, ai-je tenté de tout abandonner? En ce jeune homme, voyais-je celui que, dans une vie mythique, j'aurais pu devenir? Était-il mon double? Peut-être se mêlait-il au désir des routes, celui d'un amour dans la fraternité des forains. De paradis qu'elle était, notre maison, dont les toits luisaient, se transformait, soudain, en cage. Ce jeune homme, dans son immobilité de statue, était comme une borne au carrefour de routes innombrables. Dans mes veines, le sang de mon enfance coulait vers lui, comme vers la mer immense de l'inconnu.

Cependant, ma nature est telle, qu'encore enfant, allant vers lui, vers l'autre, vers l'aventure, je savais que je reviendrais à la maison. J'avançais donc avec pudeur et pensivement. Je faisais sans le savoir et tout en le sachant, ma première expérience d'écrivain, allant jusqu'au bout de son destin, qui est de vivre afin de raconter. Il ne me reste donc rien de cette rencontre, sinon la rencontre elle-même et, affleurant parfois dans mon souvenir, un sourire impalpable, irréel. Le sien? Le mien? J'ai tiré le voile sur tout cela, comme sur une trahison.

Voilà l'enfant que j'étais.

VIII

Et la troisième fenêtre du grenier? C'était celle de la chambre. On l'appelait ainsi parce qu'on y trouvait un lit, où je couchais parfois. Cette fenêtre s'ouvrait sur la rue Lévesque, à droite sur la grande route qui menait, par North Bay, à Ottawa, au loin, sur le cimetière où sont enterrés mes parents, ma grand-mère maternelle, mon frère Alphonse. Là aussi, je m'étais trouvé une encoignure. Dans ce grenier, je me suis ancré dans l'habitude de lire allongé. Au collège, plus tard, j'appris à lire assis à un pupitre. Aujourd'hui, il m'arrive de lire à ma table, mais ce sera surtout parce que je veux noter quelque chose, une citation (rarement), une date, un fait saillant, parfois une idée (bien que les idées, sauf théologiques, m'embêtent de plus en plus); autrement, je lis étendu sur un canapé, ou recroquevillé, en boule, faisant corps avec le livre. Lorsqu'il s'agit d'atlas, de villes mirifiques à retrouver dans leurs montagnes, je serai à plat ventre sur le tapis, l'atlas grand ouvert, moi la tête dans les mains, coudes au sol, le regard errant sur la page, comme un hélicoptère ami, que les habitants de Fès ou d'Helsinki accueillent avec des cris.

Lorsque j'eus environ dix ans, un habitant de la rue Lévesque, presque un voisin, monsieur Marleau, emménagea dans la maison d'en face, celle dont les toits en pente, verts, accompagnaient ma lecture et mes rêves, lorsque mes yeux daignaient se détacher du texte. Il était propriétaire d'un violoncelle. Quel rôle ce violoncelle n'a-t-il pas joué dans mon imaginaire ! Un violoncelle que je n'ai jamais vu ! Souvent, je voyais M. Marleau sortir de chez lui, une serviette à la main. Il montait dans sa voiture, démarrait, personnage insignifiant, silencieux, ayant épousé une Anglaise, parlant surtout anglais à la maison, donc, voué à la solitude, dans son no man's land, entre les clans. Je tendais souvent l'oreille, à son retour. Car je surveillais ses allées et venues. Rien. Je n'avais jamais vu de vrai violoncelle ; que des photographies dans le journal. Je connaissais le violon. Je savais trop bien ce qu'était un piano. Le nôtre trônait quelque part, mes sœurs pianotaient et moi, je suivais des cours de piano, je faisais mon entrée, par Ninon et par lui, dans la passion racinienne. Le violoncelle, par rejet du reste, m'attirait. Je le voyais en instrument noble et mâle. La prestance et les manières de M. Marleau juraient avec cet idéal. Parfois je rêvais qu'au cours d'une expédition à la pirate, je sauvais le violoncelle et son archet de leur enfer, les rapportais jusque dans mon grenier, que j'en jouais à la perfection (science innée, bien sûr), que M. Marleau, confondu et reconnaissant, parlait à maman et me donnait son violoncelle. Je le tenais entre mes jambes, dévotieusement, et tirais de lui des plaintes où la brisure d'avec le passé et le bonheur de rendre son vrai chant alternaient mélodieusement. Et moi, j'avais le bras qui tremblait, tant j'étais heureux, envahi, dominé par la musique. Cette passion, toute de rêveries sans suite ne m'a jamais amené à me mettre au piano, à y faire des gammes, à y rechercher un son net, à apprendre une fugue de Bach. Si l'on m'avait mis au violoncelle, j'aurais imaginé une carrière de pianiste.

De la même manière, je lisais. Les lignes, les pages pénétraient en moi, devenaient la chair de ma chair et se dissolvaient. Aucune réflexion, rien, que des sensations. Mais j'avais huit ans et j'oscillais entre *La comtesse de Ségur*, *La Semaine de Suzette* et l'*Encyclopédie de la jeunesse*, qui formaient un triangle sacré, auquel je revenais toujours. Mais aussi, en contrepoint, au même âge, sans y rien comprendre, Paul Féval (*Le Bossu* et *Lagardère*), Alexandre Dumas père, et d'innombrables romans d'aventures d'une collection Hachette, qui exaltaient la politique colonialiste française. C'est par eux que j'ai appris à connaître les Arabes, sournoisement, à les mépriser, à rugir d'horreur parce qu'Abd-el-Kader défendait sa smalah. J'étais entièrement du côté des Français, je ne reviendrai pas là-dessus.

Pourquoi ma mère me laissait-elle passer, ainsi, de longues, d'interminables journées au grenier, le nez dans les livres? «Il a toujours le nez dans les livres» — disait-on. Chaque semaine, je me rendais au sous-sol de l'église du Sacré-Cœur, notre majestueuse église, où se trouvait la bibliothèque paroissiale. Au fond d'une salle immense, haute de plafond, sise sous la sacristie, un mur couvert de livres. Si je me souviens bien, les bibliothécaires étaient deux jeunes (pour lors) institutrices, Germaine Serré et Gabrielle Robert. L'une ou l'autre nous aidait à choisir un livre, deux, trois. Littérature de jeunesse, avec des vies de saints, Stanislas Kotska ou Louis de Gonzague, et le sempiternel Guy de

Fontgalland. La biographie de ce dernier était illustrée. On y voyait le salon parisien de cette famille, la cheminée avec son écran. Cet écran m'intriguait fort, car nous aussi, nous avions une cheminée, mais sans écran. Et le liseur que j'étais n'était pas un petit saint. J'aimais rire, rêver et persécuter mes semblables, taquin, donnant tout cependant, avec un fond secret et prévoyant.

L'écart d'âge entre ma mère et moi devait lui rendre ma présence lourde. D'autant plus que j'avais une sœur, de deux ans plus âgée que moi, agitée, gâtée et fantasque, qui ne quittait pas maman d'une semelle. Mon grenier était, aussi, mon lieu de fuite où personne n'osait me suivre, de peur de ma grogne. J'étais peu liant. Enfant, j'avais un ami, Raymond Paiement, le voisin d'en face et nous fûmes deux boute-en-train, la terreur du voisinage. Les coups pendables se succédèrent à un rythme accéléré, pendant deux ou trois ans, comme si, sachant l'un et l'autre que notre amitié ne durerait pas, nous avions d'un commun et implicite accord, décidé de mettre les bouchées doubles. Nous nous rendions à l'école ensemble. Nous nous amusions soit chez lui, soit chez moi, ou dans la rue paisible. Remarquions-nous même le passage des saisons ? L'été, nous nous retrouvions au bord du lac Nipissing, où les Paiement avaient un grand chalet. Je me souviens d'une roche plate, qui affleurait dans l'eau, sur laquelle nous nous étendions pour brunir. À côté, les enfants Prieur, qui passaient leurs étés à demi-nus, étaient noirs comme de l'encre. On décriait leur teint, on les comparait aux sauvages de la réserve. L'enfance immobilise le temps, qui, par malice, donne l'impression de ne pas couler. Mais il coule et nous nous retrouvons soudain avec des poils follets en guise de moustache et tout l'avenir qui se déroule comme un tapis, sur un claquement sec, définitif et voilà! nous avons soixante ans. Je passe rapidement sur cette amitié, car je n'étais pas d'âge à aimer. Le véritable compagnon de mon âme, de mon cœur, de toute ma sensibilité habitait à cette époque une ville du nord du Québec. Il s'appelait Guy Lafond et je ne le connaîtrai qu'à douze ans, au collège de Sudbury. Ni lui ni moi ne savions, à dix ans, que la vie nous attacherait l'un à l'autre, pour toujours. Raymond Paiement était un garçon volontaire, même buté. Il était le chef de notre bande de deux. Rien en lui de l'illuminé qui trottait en moi. Il n'aimait pas lire. Avec lui, ce n'était que courses de par la ville, à la recherche d'autres amis, Réal Rochon ou Jacques Vachon ou Roland Serré (qui mourut à la guerre, tué en Italie, au Mont Cassin, Dieu sait pourquoi).

Je crois que si nous n'avions pas été voisins, Raymond et moi ne nous serions pas liés. Il deviendra médecin, comme son père et mourra jeune, d'un cancer. Il avait le sens de l'humour, en dépit de sa sévérité naturelle. Au moment de mourir, le prêtre (car Raymond était pratiquant, même dévôt) lui rappela qu'il s'apprêtait à faire le grand voyage. «Je ne suis pas pressé» — répondit-il. Je l'ai revu, plus tard, à Ottawa, où il exerçait. Sa femme (autre amie d'enfance) et lui me prêchèrent. Le thème du sermon était l'amour conjugal. Ils brandissaient *L'Anneau d'or*. Leurs paroles tombaient sur un cœur de pierre où, après avoir résonné, elles prenaient leur envol dans l'air parfumé du repas du soir.

Pourquoi votre mère vous laissait-elle à ce point libre de lire? me demande le lutin qui, assis sur ma table, commande à mes écritures.

Parce que, monsieur, elle était enchantée de ne pas m'avoir dans ses jupes.

J'avais besoin d'une affection infinie. Dieu seul aurait pu, je devrais écrire, pourrait, combler cet abîme. Ma mère, c'est certain, ne le pouvait pas. Même, le voulait-elle? Je n'ai jamais rien compris à son caractère et elle est morte avant que je prenne conscience de l'existence des autres, avant que je n'échappe à ma vie rêvée. Reconnaîtrait-elle son enfant dans cet homme? Elle aimait me savoir au grenier, loin de l'influence d'amis mauvais garçons. Peut-être devinait-elle en moi des pulsions sauvages. Elle m'avait porté et sa sensibilité était aiguë. Elle subodorait Satan, ce vieux sage. Elle craignait pour moi. On m'a dit qu'elle avait rêvé que je deviendrais écrivain. Elle en aurait été fière. Force du mot, car elle ne savait pas si j'écrirais bien ou mal. Elle imaginait, bien, sans illusions; il y avait en elle une forte dose de scepticisme. Peut-être lui suffisait-il que j'ajoutasse aux œuvres qui traînent dans les bibliothèques, que personne ne lit. Elle même n'était pas une grande liseuse. Mon père aimait l'entendre lui lire le journal; c'était *Le Droit*, que, plus tard, la prose de Willie Chevalier illustrera. Tous deux commentaient les nouvelles. Au cours des années 20, quelles pouvaient-elles être? La crise économique faisait rage. Les dépossédés de l'Ouest canadien se massaient là-bas; ils descendaient sur Ottawa, qui envoyait sa troupe charger contre ces malheureux. Notre cousin Zotique faisait des apparitions méphistophéliques, son harmonica aux pieds. Mon père, dans la quarantaine, riche, regardait l'avenir en face. Ma mère tremblait, j'en suis sûr, car j'ai hérité d'elle d'aimer trembler. Elle n'aimait les livres que par l'imagination, comme espace privilégié où s'expriment les grands hommes. Pour elle, le dictionnaire représentait le nec plus ultra de ce nœud solide que sont la littérature et l'histoire. À propos de tout et de rien, elle l'ouvrait, trouvait le mot, le nom, en lisait la définition ou les dates qui correspondaient. L'histoire, la grammaire, le langage pénétraient dans la pièce et maman triomphait. Peu lui importait d'avoir eu tort ou raison, bien qu'elle préférât gagner. L'orthographe représentait le moment présent. C'est ainsi qu'on écrit un mot aujourd'hui, ce mot que Villon écrivait tout différemment. Ma mère avait une vive conscience du temps qui passe. Je n'ai connu personne qui vécût plus qu'elle ne l'a fait, dans le temps historique. Tout lui était prétexte à datation. Quelles merveilles n'accomplit pas le petit *Larousse* dans l'esprit humain !

L'avenir n'intervenait ni dans mes lectures, ni dans mes rêves. Ils se suffisaient à eux-mêmes. Le toit du grenier était en pente et m'enveloppait. Du moins, je me sentais enveloppé, seul dans ce cocon où me parvenaient des voix. J'y ai pris l'habitude du néant, de cette inertie pleine de pouvoirs qui est, j'imagine, celle des bêtes et des pierres, de cette facilité à m'abstraire, à échapper à moi-même, à me regarder du dehors. Si, par exemple, j'attends, dans un hall d'hôpital, carte en main, qu'on m'appelle ; si je souffre, si j'ai hâte d'entendre mon nom, je m'abstrais, mon esprit s'élève au-dessus de ce corps livré à la douleur, je me regarde souffrir. Je n'en souffre pas moins, mais ma douleur est comme immatérialisée, soumise au jugement critique, au regard implacable du petit garçon que je fus dans le grenier. Je me dis : «C'est donc cela que tu es devenu? Cet homme courbé? Ce geignard? Presque ce pleurnicheur? Allons, mon vieux, du courage!»

L'un des bienfaits de la solitude serait donc ce dédoublement? On ne serait donc jamais seul, mais toujours donnant naissance à cet autre soi-même? Tout se passerait donc comme si — mon Dieu, quelle guerre cruelle, je sens deux hommes en moi — l'on portait en soi deux hommes, l'un stable, qui formerait l'essentiel immuable de ce que nous sommes, ce roc; l'autre, voyageur, qui irait de par le monde recueillir les aliments dont le premier a besoin pour se nourrir. Et lorsque tout va bien, ces deux êtres se retrouvent comme des frères siamois. En cas d'alerte, le voyageur quitte le logis, surveille les abords, vérifie les stocks, regarde le baromètre. Il parle à l'autre, resté frileusement à la maison, le morigène, le rassérène. Attention lorsque se met entre eux la «guerre cruelle».

Voilà l'enfant que j'étais à moi-même, dans la solitude. Indistinctement, je sentais que j'étais mon père et ma mère. Mon père, je l'avais oublié; ma mère, je la connaissais à peine. Ces deux inconnus n'en formaient en moi qu'un noyau plus dur. Mon père était cet esprit voyageur qui survole l'éther, séduit par l'étranger, ressentant le besoin d'échapper aux contingences. Je suis resté cet homme, n'entendant jamais sans frémir l'appel des espaces, friand de langues étrangères, de pays lointains. Je tiens de cet homme, qui ne les a pas connus, et malgré mes premières lectures qui m'avaient enseigné à les haïr, mon amour des Arabes, de leurs villes, de leurs chants et complaintes, de leur soleil qui tape dur, de leurs sables, du désert et des palmes; admiration d'Abou Nawas comme de Taha Hussein. C'est le père en moi qui est l'ami de Vincent Monteil. Il est aussi le guerrier devant la porte, qui interdit l'entrée. Mon père est la morale de l'épée. Entendons-nous, une morale sceptique, plus proche de La Fontaine que de Thomas à Kempis. Hélas! devrais-je écrire, et cet élan vers une morale plus haute, qui me rapprocherait de l'Homme-Dieu, il est aussi mon père. Ces mouvements contradictoires en apparence font que je puis entretenir avec moi un dialogue. En lisant La Fontaine, mon bon maître, je me demande, par exemple, dans la fable du meunier, de son fils et de leur âne, de quoi pouvaient s'entretenir ces deux hommes sur une route rudimentaire, de chaque côté de cet animal auquel ils étaient sûrement attachés. Sans doute n'avaient-ils rien à se dire, le père commandant, le fils obéissant; le fils proposant, le père acquiesçant. Ils parlaient du blé en herbe, des prix des denrées, des voisins. D'une fiancée, peut-être. J'aurais aimé entretenir mon père de choses pareilles. M'eût-il aimé? M'eût-il, plus important encore, compris et accepté? Eût-il voulu m'imposer sa loi? J'en doute, car l'esprit voyageur attache peu de prix aux vertus humbles. Il aime ce qui est haut. L'eussé-je été de sorte à plaire à mon père, à le satisfaire? Il n'était pas simple, semblable en ceci aux silencieux, ses frères. Il aimait méditer devant la cheminée. Il avait le sommeil lourd et prolongé. Il disparaissait, à date fixe, avec ses hommes, dans les bois. Soudain, sans crier gare, il reparaissait. L'esprit va où il veut. Je suis ainsi. Enfant, je me cachais au grenier. De là-haut, j'entendais des voix qui m'attiraient à elles. Je fermais mon livre, descendais sans bruit, prenais le pouls de la maison avant de remonter dans mon aire où soufflaient tous les vents. Mais je ne savais pas que leur chant profond chantait pour moi.

Cette liberté d'action reposait sur l'affection. Ma mère m'aimait. Mes frères et sœurs lui reprochaient de me gâter. C'est qu'il est orphelin — répondait-elle. Elle les surveillait en catimini, de crainte qu'ils ne me persécutent. Je jouais de cette crainte, meilleur interprète en ces matières que je ne l'eusse été au violoncelle de M. Marleau. Maman était un refuge sûr, une église consacrée, la pierre d'un autel, le calice doré, la prière elle-même, qui montait au ciel. En ce sens, mes longs séjours au grenier étaient un exil. Je me punissais de trop l'aimer, sans avoir connu l'amour. Je suis né avec ce sentiment profond de mon indignité. La première vérité que j'ai connue en cette vie (quel âge pouvais-je avoir? étais-je cet enfant moqueur, qui louche légèrement, à qui on vient de décerner un premier prix de beauté, sinon d'élégance?) est celle-là : je ne suis rien. Depuis lors, chaque fois que je me tourne vers La Fontaine, mon bon maître, ou Saint-Simon, mon cher duc, cette conscience se fait plus vive. D'autant plus aiguë, que je sens à mes côtés la présence de mes parents. Eux que je n'ai connus que séparés, se retrouvent ici dans l'indivision.

Alors que mon père plane au-dessus de nous, ma mère est en moi, l'autel de la fidélité. Elle est cette écriture, ce geste quotidien. Elle est aussi l'éternelle insatisfaction d'être. Je tiens d'elle de ressentir avec violence la réalité suivante : tous les hommes naissent dans le malheur, et insatisfaits.

Je suis l'un d'eux. J'aspire à autre chose, sinon à une autre nature, à d'autres circonstances, d'autres entours. Vert paradis des amours enfantines ? Non. Cet idéal de pureté ne me dit rien qui vaille, porté par le mystère de l'impureté. Ma faiblesse et mon imperfection me font imaginer un avenir triomphaliste. L'une des images qui ont le plus marqué mon enfance est celle du vainqueur romain, droit sur son char, souriant aux foules (qui elles-mêmes pensent au pain et aux jeux), fier de ses victoires, à qui l'esclave souffle à l'oreille : tu n'es qu'un mortel. D'où la certitude en moi que, quoi qu'il advienne, je n'accéderai jamais à ce bonheur, à cet état où le réel se marie à la préternature. Autre certitude : j'y parviendrais, que le bonheur m'échapperait illico. Je tendrais en vain les mains vers lui. Je suis né avec cette exaspération baudelairienne en moi, indéracinable et poussant toujours plus avant ses racines. Le *taedium vitae* m'accable. Pourtant, aujourd'hui comme hier, je suis heureux. Allez y comprendre quelque chose. Je n'envie rien à personne, n'ayant jamais souhaité occuper la première place. *Grosso modo*, la vie m'a donné ce que j'attendais d'elle et dont, enfant, je rêvais sans savoir, qui a été d'écrire des livres et d'aller là-bas vivre ensemble. C'est assez. Plutôt, ce serait assez, n'était cette nostalgie de tout l'être. Est-ce un besoin de Dieu ? Blanc de Saint Bonnet écrit quelque part que Dieu nous demande notre cœur. Je crois que tout homme (et c'est moi) qui n'est pas prêt à donner son cœur à Dieu, est voué à la tristesse d'être. Peut-on le donner, ce cœur? C'est trop dur lorsqu'on n'a pas la volonté du cloître. Qui le donne, même au cloître? Enfant, je sentais tout ceci, confusément. Je devinais que je serais une source de conflits à moi-même, que le temps dont je m'éprendrais allait venir, que je ne trouverais en lui que regrets et tourments, faute d'avoir su offrir à Dieu, comme Stanislas Kostka et Guy de Fontgalland, les prémices de ma jeunesse innocente. Mon désir secret me portait vers la matière incandescente. Tout homme qui ne choisit pas Dieu va droit à l'Etna. Sur la route de tout homme, il y a un endroit pour les sandales. Après ce lieu, le feu.

Ce dilemme, ancré en moi au point qu'il constitue l'essentiel de ma nature, je le tiens de ma mère, de sa faiblesse et de son orgueil. Elle avait celui d'une intelligence discursive, qui va droit au but, comme une route qui traverse un pays de forêts et d'étangs, qui ne s'attarde pas à musarder. Elle lisait peu, car, à partir de peu — en politique surtout — elle pouvait sans difficulté aucune, échafauder théories et possibilités presque à l'infini. Elle avait la passion des assemblées politiques. Notre petite ville était inerte. La chorale, les répétitions d'une pièce de théâtre mise en scène par Victoire Marchildon, constituaient les activités culturelles. La politique, avec ses aperçus si singuliers sur l'être humain et la sauvagerie de ses mœurs, prenait beaucoup de notre temps. J'écoutais ces palabres passionnés, j'en retenais peu de chose et me perdais dans le labyrinthe. Je m'y perds toujours.

Ma famille était d'obédience libérale, « rouge ».
Nous parlions des « bleus » avec mépris. Les noms de
MacDonald, de Bennett suscitaient des rires mo-
queurs et stridents, quand ils n'étaient pas voués aux
gémonies. S'il n'en avait tenu qu'à nous, surtout en
temps d'élections, ces escaliers auraient été couverts
de cadavres. Nous aurions invoqué les dieux des
charniers, tant notre haine irraisonnée pouvait devenir violente. Nous partions du principe souverain
que le Parti libéral était notre bouclier, que, sans lui,
nous étions, nous Français d'expression, et singulièrement nous, Franco-Ontariens, condamnés à la dis-
parition prochaine. Immédiate. Le Règlement XVII
restait jeune dans nos esprits. Au sens strict, nous
étions des humiliés et des offensés. Le racisme cana-
dien-anglais, la superbe naturelle aux Anglo-saxons
lorsqu'ils ont le haut du pavé, nous en étions les
victimes à l'échine souple. Les peuples persécutés
finissent toujours par ressembler aux Juifs classiques, au père de la Rebecca de Walter Scott, courbé,
souriant, attendant les coups, remerciant lorsqu'il
n'en reçoit pas. Peu importe ses droits. Dans notre
cas, il ne s'agissait pas de ceux, élémentaires, d'un
être humain. Nous en avions, de par nos origines, le
« premier occupant » de la belette ; nous appartenions au peuple fondateur du Canada. Nous nous
serions contentés, comme Jocelyn, d'un abri obscur,
à condition qu'on nous fiche la paix. Non, impossible. Nous étions en butte à la haine, à la hargne de
la majorité ontarienne, à son besoin d'unité culturelle et linguistique. Nous savions qu'elle y mettrait
le temps, mais que le jour viendrait où notre château
de cartes s'écroulerait. Au moment où j'écris ceci

115

(novembre 1988), il vacille. Dans ma petite ville, les Français étaient majoritaires et bilingues. Ils se sentaient, donc se croyaient à l'abri. Et le Parti libéral, de son aile puissante, nous recouvrait.

Nos vrais ennemis étaient les catholiques irlandais et leurs évêques. On m'a élevé à honnir cet épiscopat. En somme, nous étions plus Français que catholiques. Rome, qui nommait ces évêques persécuteurs (Scollard et Dignan furent les bêtes noires de ma jeunesse), avait droit à notre indignation. Nous en exceptions le pape (Pie XI Ratti, Pie XII Pacelli) pour reporter sur le cardinal Merry del Val l'odieux de cette politique. Le discours de Notre-Dame d'Henri Bourassa figurait parmi nos livres sacrés. Nous étions partagés, ni du Québec, bien que nos racines immédiates s'y trouvassent, ni Ontariens à part entière ; ni Canadiens, puisque le sens de ce mot changeait, ne désignant plus les Canadiens français, et eux seuls, ne désignant pas encore les Canadiens anglais, et eux seuls. Nous avions reçu les limbes en partage et n'y étions pas heureux. Il est difficile à un être humain de n'avoir pas de pays. Qui plus est, l'absence d'intérêt, et de générosité, du Québec politique (Taschereau comme Duplessis, Duplessis comme Godbout), sa crainte viscérale de déplaire à la majorité canadienne, la lâcheté et l'ignorance érigées en vertus, qui caractérisent le comportement des Québécois, nous ancraient dans la certitude que personne ne viendrait à notre rescousse. C'est pourquoi nous nous raccrochions, faute de mieux, au Parti libéral, à cet instrument qu'avait forgé Laurier. Au moins, le discours des libéraux ne nous insultait-il pas. Nous y trouvions matière à rêves d'espérance. À l'époque où j'ai pris connaissance de ces choses, la lutte pour conserver au français une place d'honneur dans l'enseignement à nous destiné, touchait à sa fin. Nous avions réussi à contourner la loi. Peu à peu, nous adoptions les schèmes de pensée anglo-saxons. Nous les exprimions en français. Mais qu'est-ce donc qu'une langue qui s'affirme contre sa nature? De nombreux Québécois se sentent plus à l'aise à Londres ou à New York, qu'à Paris. Ils parlent français. En réalité, ils pensent anglais.

J'ai nommé Henri Bourassa. Il appartenait au clan Papineau, était né à Montebello, y avait été élu député. Son aura nous touchait de près. C'est lui que mon cousin Zotique, ce maître de l'harmonica, aurait remplacé à la Chambre des Communes, si son vrai destin avait pu suivre son cours. D'une certaine manière, il y aurait mieux figuré qu'Henri Bourassa, dont l'éducation, les manières, la culture, la foi, pour tout dire, le génie, tranchaient ouvertement sur la racaille. Ses apparitions ameutaient les foules. Sa voix, haut perchée, nasillarde, devenait une trompette d'or et faisait éclater les murailles de Jéricho. L'ennui, c'est qu'il n'y avait personne pour se précipiter dans les brèches. Bourassa était seul. Se complaisait-il dans cette solitude? Sûrement, il savait qu'il était supérieur à tous ses contemporains (sauf, peut-être, à l'abbé Groulx, son égal); le nom qu'il portait était illustre. Son père a écrit un classique de notre littérature; la petite église qu'il a construite, en imitation de Baltard, est aujourd'hui encastrée dans l'Université du Québec à Montréal, où elle sert de refuge aux humbles et aux croyants, ce sont les mêmes. Ne parlons pas des Papineau. Leur nom ouvre toutes les portes de notre histoire. Ses antécédents assuraient donc à Bourassa une sorte d'immortalité. Il y ajouta sa propre, indéniable, grandeur. Il avait l'intelligence, une extraordinaire prescience politique, le don de la parole et, malgré sa taille réduite, une noblesse rare dans la présence physique. Surtout, et c'est ce qui l'a perdu, il avait raison. Avoir raison, c'est être Cassandre. C'est l'hubris, c'est se suffire à soi-même, c'est le rejet de ceux qui ont tort, c'est l'orgueil, c'est la solitude acceptée, caressée, qui devient l'hôte le plus familier de votre table. Il n'avait pas la douceur charmeuse et mensongère de Laurier. Aussi, dans l'escalier de notre maison, une photographie de Laurier, glabre et doux, trônait. À chaque montée ou descente, il était bien là, comme un leitmotiv. Je trouverai celle d'Henri Bourassa, au collège, dans les salles d'étude ou dans le parloir des anciens, là où se tenaient les séances de l'Académie. Le culte voué à Bourassa était destiné à une chapelle. On applaudissait l'orateur en grand nombre ; le penseur politique, ami des Boers et des dicastères, faisait peur aux admirateurs de son verbe. On le concevait mal, ministre. Aussi, sa nature profonde répondant au jugement des foules, choisit-il de se tenir à l'écart des partis.

Bourassa était homme d'honneur et de religion. Il n'était pas dupe de la politique anti-française du Vatican en Amérique. Son discours de Notre-Dame est l'œuvre d'un homme qui a réfléchi à ces problèmes, qui a choisi de se ranger, contre la hiérarchie catholique, du côté de l'Histoire, du côté de son honneur, du côté des siens. En la personne du cardinal Bourne, il a chassé les mauvais esprits. Il fut un précurseur, le premier à souligner le divorce entre l'Église catholique et les Canadiens français. Ceux-ci poursuivaient leur chemin, celui que leur avait tracé l'histoire. L'Église leur proposait, soudain, ouvertement, alors que se préparait la grande guerre, une déviation essentielle. Quel culot ! lorsqu'on y pense, et quelle gifle ! Cela n'était jamais arrivé à aucun peuple. On dit que les évêques canadiens-français demandèrent eux-mêmes à Bourassa, pendant que se répandait le cardinal de Londres, de répondre au légat pontifical. En 1837, notre hiérarchie préconisait une solution politique qui, malgré tout, nous permettait de respirer. Ce que formulaient Bourne, Merry del Val et l'épiscopat irlandais nord-américain, c'était l'abdication, le rejet de notre histoire, de notre Geste ; nous aurions craché sur les tombes de nos ancêtres, de nos héros, de nos écrivains. La grandeur de Bourassa ne réside pas dans son discours. Elle est dans le fait que cet homme, et lui seul, a pu le prononcer, dans cette circonstance cosmique, qu'il était prêt, en ce jour de 1911 ! Il était prêt, il est monté en chaire, dans cette chaire chef-d'œuvre de nos sculpteurs, et il a gentiment, savamment, avec l'extrême politesse des seigneurs de la Petite-Nation, avec la vigueur d'âme du croyant éternel, donné une leçon de vraie grandeur à tout ce qu'il admirait, l'Église dans sa politique, les cardinaux, les prêtres porteurs de vérité, le pape. Car il avait raison. Il était seul, il avait raison et la cause était immense. Parmi les grands hommes du siècle, en cette heure sublime, il se détacha du peloton et courut vers le drapeau, qu'il étreignit, lui, Bourassa, le premier de son siècle, le vainqueur, le grand Henri Bourassa, cependant que les hommes et les femmes qui remplissaient la Basilique, se levaient en criant leur joie. Nous existons, Éminence, nous sommes ceux qu'a décrits cet homme, nous sommes ses frères dans la gloire et dans la joie! Moment inoubliable qui cimente l'histoire d'une nation.

Cependant Bourne, confus dans sa pourpre, glissa au milieu de la tourbe des prélats, comme un vieux navire qui a affronté une mer trop forte, s'éclipsa dans la sacristie, rejoignit l'archevêché où il déversa sa bile, sa rancœur, son désespoir, dans une lettre à Merry del Val qui hâta la fin de ce dernier et que les archives du Vatican cachent toujours aux regards.

Bourassa consacra le reste de sa carrière à la défense d'un nationalisme abstrait, à la fois guide et exemple. Vers quoi guida-t-il la jeunesse? Il y avait, entre l'abbé Groulx et lui, une sourde rivalité. Le prêtre, plus jeune, formé en France, avait subi l'influence de Maurras. Il privilégiait l'action et le pouvoir. Bourassa lui, croyait que la parole, la doctrine, le bourrassisme étaient action. Les traits de l'abbé Groulx accusèrent peu à peu, en lui, le chef. Bourassa, dans la dignité de son talent et de sa vie, devint une sorte de patriarche, un Booz légèrement endormi. La doctrine groulxiste débouche, par nécessité intérieure, sur un Québec libre. Celle de Bourassa était enchaînée aux Rocheuses. D'une certaine façon, il apporte sa caution au primat de la géographie sur la raison. Sa fierté des espaces remplace avantageusement celle d'être. À l'époque où j'étais enfant, dans ma ville reculée, l'auréole de Bourassa n'avait rien perdu de sa vive clarté et brillait au ciel des Jeune-Canada. Il avait fondé *Le Devoir*. Ses disciples soutenaient les tables de sa Loi; Omer Héroux, Georges Pelletier servaient de lien entre lui et la nouvelle génération. Eux-mêmes, pourtant, ne pouvaient, ni ne voulaient, rejeter l'abbé Groulx dans l'ombre. Bourassa aurait peut-être pu, si son pan-canadianisme biologique n'avait pas été le moteur essentiel de sa pensée, s'élever au-dessus des idéologies; mais ce boulet le retenait au ras des mottes. Et la force de sa personnalité empêchait toute pensée nationale de s'élever jusqu'au soleil de l'indépendance. Ce soleil, il l'obscurcissait. Il faudra la génération d'après-guerre, Raymond Barbeau (disciple de Léon Bloy, dont le cercle d'initiés fut le premier à oser parler d'indépendance), le père Gustave Lamarche, Rina Lasnier, pour que le socle de Bourassa se fissure. Mais il tient bon, au service aujourd'hui de l'idéologie des grands intérêts et de l'immobilisme. Que d'avatars dans la vie d'un homme, avant, après sa mort!

Sans penser à rien, nous baignions dans cette lumière diffuse, enchantés par les discours que Bourassa prononçait à la Chambre d'Ottawa et un peu partout, ailleurs. Il ne nous serait jamais venu à l'esprit de le relativiser. Il faut aux peuples de la vénération et de l'amour. Bourassa suscitait la première et repoussait l'autre.

Notre curé s'appelait Mgr Lécuyer. Le premier texte que j'ai publié lui était consacré. Je l'ai relu. C'est de la modeste hagiographie barrésienne, avec son culte des morts, sa passion de la terre natale, son irrédentisme. Mgr Lécuyer fut le type de ces anciens curés, sûrs d'eux, de leur formation dans quelque séminaire de la plaine québécoise, de leur autorité de droit divin. Ces qualités abruptes étaient tempérées par la bonté native, le sens de l'humour, le désir enraciné au creux de l'être, de faire le bien. Il construisit notre église. J'aime, lorsque je retourne dans notre ville, voir, au loin, se dresser ses clochers. Enfant, je l'ai connue ses murs bardés de statues, ressemblant à un fourre-tout de plâtres, mais vivante, joyeuse, chaude, avenante. Les dernières gambades, les derniers bêlements de l'Église dans les prés du modernisme l'ont transformée en un vaste vaisseau pâle et froid, qui respire la sagesse et ce vague ennui qui est, j'imagine, l'odeur de toutes les décadences. De retour dans cette nef, Mgr Lécuyer y perdrait ce latin que lui avaient enseigné des prêtres savants, il y a un siècle. On l'aimait, on respectait ses avis. Ma sœur aînée, après des études d'infirmière et d'assistante sociale, revint à la maison s'occuper des pauvres de la ville. Elle allait d'un affligé à l'autre (nous sommes en 1930, donc au début de la crise économique ; je commençais à mettre à ma main les lettres de l'alphabet) dans une petite voiture que mon père, dont elle était la préférée, lui avait offerte le jour du diplôme. Au cours de son ministère, elle découvrit un cas d'inceste. La vierge en elle prit peur. Elle s'adressa au curé, qui la rabroua et lui intima l'ordre de se mêler de ce qui la regardait. Elle trembla et se tut. Mgr Lécuyer connaissait la nature humaine. Il se tenait plusieurs heures par semaine dans son confessionnal à entendre le pire, toujours médiocre. Il savait que le silence n'a que des vertus. Et le silence est compassion, pardon. Cette mansuétude avait fait de lui un prêtre, à l'ancienne mode, bien sûr, qu'on révérait. Il était la conscience morale de notre ville.

Je me rends compte, écrivant ceci, que je parle de « notre ville », plutôt que de la nommer par son nom, ou de me l'approprier : « ma ville », « ma maison », « ma rue ». Dans les romans de Dostoïevski, j'ai toujours aimé cette expression : notre ville. Il me paraissait que le narrateur, qui est aussi un personnage du roman, le confident de Pierre Féodorovitch ou de la générale, raconte les choses comme de haut, ainsi qu'un vieillard revenu de tout, qui relate des faits de son enfance, ou de sa jeunesse, insignifiants pour tous, sauf, attention, pour lui-même. Curieux aveu à faire, enfant, déjà, je me sentais ce vieillard bavard de Dostoïevski, qui se penche avec tendresse sur ce qu'il a vécu, qui raconte tout dans les moindres détails, comme s'il s'agissait de la vie de Tchékov, par exemple, et que lui était un chercheur à qui tout doit être révélé, et qui, pourtant, cache l'essentiel, qui sera le nom du meurtrier, ou les mobiles véritables des personnages. Au fond de cet enfant que je fus, il y a un mystère, que la vie future me dévoilera peut-être, mystère dont l'enfant ne soupçonne pas l'existence, car il est à ses lectures, à ses jeux, à ses caprices, sûr de l'amour de sa maman.

Pourtant, elle pouvait être sévère, ma mère de cinquante ans, et avoir la main leste. J'étais souvent ce qu'on appelle un effronté. Et menteur. Je m'inventais une vérité, à laquelle je tenais par la puissance de l'imagination, une absence bizarre de sens moral, et la force de mon égoïsme. Ce que j'inventais avait, à mes yeux, force de loi. Je pourrais raconter des petits incidents, qui ne nous mèneraient nulle part, tant il s'agissait de bêtises, de mises-en-scène enfantines, qui exaspéraient ma mère. Mes sœurs et frères la prenaient à témoin de mes errements. Je me revois, dans un coin de la salle à manger, ayant raconté quelque sotte invention, entouré de grandes personnes qui m'interrogent, donnent leur avis, s'emportent. Car, ce qui me paraît extravagant, on ajoutait foi à mes narrations, tant ma puissance d'affirmation et mon don du détail rendaient le récit plausible. Je m'amusais follement tout en craignant d'être découvert pour ce que j'étais, un menteur fieffé. Mais les grandes personnes sont ainsi. Elles sont des girouettes. Nous passions à table et tout était oublié.

C'est à table que les discussions étaient les plus agitées. Mes deux frères étaient étudiants à l'Université d'Ottawa; j'ai dit que, malgré son titre ronflant, elle était, tout au plus, un collège. Les oblats de Marie-Immaculée s'étaient faits les hérauts du bilinguisme intégral. Ils représentaient ce milieu de petits fonctionnaires de la Côte-de-sable (Sandy Hill) qui, aspirant à la bourgeoisie, prisonniers de la fonction publique, ne voyaient de salut que dans une assimilation qui leur eût permis de conserver l'usage du français. Cette contradiction paraissait heureuse à des hommes et des femmes qui trouvaient normal et politique de ne jamais occuper que des postes souvent presque serviles, qui travaillaient en n'utilisant que l'anglais, qui ne parlaient français que de retour à la maison. Avec cette mentalité d'ilote, comment revendiquer? De toute évidence, les oblats de Marie-Immaculée n'avaient pas lu Remy de Gourmont. Pourtant, certains d'entre eux devaient répandre la saine doctrine puisque mes frères étaient nationalistes. Nous étions triplement minoritaires; au Canada, comme appartenant à la nation conquise; en Ontario, à titre d'immigrants français en forteresse anglaise; au Québec, lorsque, par hasard, nous y retournions, cousins déjà lointains et sans doute devenus orangistes. En somme, nous étions de tous côtés, cernés par ces charmantes jumelles, l'ignorance et la bêtise. Malgré notre nationalisme inné et la conscience exacerbée de notre singularité culturelle, nous n'en adoptions pas moins les manières anglaises. Notre façon de nous vêtir, notre système de références, par exemple, étaient anglais. Étaient sanctifiées par l'usage, l'heure du thé et les longues séances de bridge. Nous ne parlions l'anglais qu'obligés; mais nous étions fiers de connaître parfaitement cette langue. Peut-être avions-nous ainsi l'impression de dominer notre conquérant, de lui avoir, à son insu, dérobé ses armes. Mes frères pouvaient donc, tout nationalistes qu'ils fussent, se sentir à leur aise à Ottawa. Cette ville devenait, peu à peu, notre capitale naturelle; non pas celle du Canada, mais des Franco-Ontariens. C'est d'elle qu'à l'époque du Règlement XVII nous était venu l'espoir. C'est là que se trouvait la plus forte concentration des nôtres. Ils représentaient notre élite et n'avaient pas coupé les ponts avec le Québec. Il était donc normal que mes frères, fils de famille à l'aise, dont les racines se trouvaient à Montebello, au bord de l'Outaouais, nous reviennent, à chaque vacance, d'Ottawa, et y retournent, les vacances finies. Du reste, ils y servaient de protecteurs, au cours du voyage en train, à mes sœurs, étudiantes au couvent de la rue Rideau. Ma mère et ses sœurs avaient fait leurs études, à Montebello, au couvent des sœurs grises, qui dirigeaient celui d'Ottawa. Il y avait là un début de continuité et, comme toutes les familles aspirées vers le haut, nous croyions mordicus à la création d'une tradition intellectuelle. Mes sœurs faisaient donc, aussi, des études, et lorsque l'une d'elles, en 1936, obtint son baccalauréat, nous pavoisâmes. Ma mère, en bonne institutrice qu'elle avait été, crut que cela lui était arrivé à elle. Elle assistait aux remises de prix, tenait à ce que ses enfants soient musiciens. Elle tenait la partie d'alto dans la chorale des dames de Sainte-Anne; c'était un plaisir particulier pour moi, de reconnaître parfois sa voix. Lorsqu'elle montait au chœur de chant, je suivais la messe dans son missel. La première «poésie» que j'ai lue s'y trouvait: Partir, c'est mourir un peu, c'est mourir à ce qu'on aime ... Le mot «partir» s'est greffé sur mon cœur.

Je ne veux pas survaloriser notre nichée. Je note, simplement, que je fus un enfant heureux et que la source de mon bonheur se trouvait dans cette famille unie, agréable, chantante et remuante, diverse, aux ruades multiples. Ma nature était sauvage et enfouie. J'avais une personnalité forte, qui n'a jamais donné sa mesure, à cause de cette indolence que j'ai traînée comme un boulet de galérien jusqu'à ce que j'entre en littérature; à cause aussi du choix que j'ai fait, jeune, de ne pas aspirer à la sainteté. Je crois qu'enfant j'ai été appelé à tenter ma chance, à pénétrer dans cette inextricable forêt. J'ai refusé. Indolence? Caprice? Appel plus fort en moi des forces obscures? Dans *Jocelyn*, Lamartine décrit une rivière qui paraît et disparaît aux regards. Nos vies sont ainsi faites. Il y a de grands pans de la mienne qui se sont soustraits à mon regard. Je suis un homme tronqué. Mon enfance m'échappe à mesure que je cherche à retracer ses contours.

IX

Dans notre ville, en plus de l'église et du presbytère, il y avait un pensionnat de jeunes filles : Notre-Dame de la Sagesse, et une école qui relevait du régime ontarien «séparé», qui traduisait bien le ghetto où nous vivions, à la merci d'une nouvelle, plus hypocrite et plus efficace, loi. L'école, de garçons et de filles, était vouée à Saint-Joseph. De briques rouges, au toit plat, elle dressait la masse de son quadrilatère entre l'église et le pensionnat. Plus loin, le presbytère et l'hôpital Saint-Jean-de-Brébeuf figuraient les maladies de l'âme et du corps, qu'on soigne mais qu'on ne guérit pas. À part quelques institutrices laïques, d'une vertu irréprochable, parmi lesquelles figuraient les bibliothécaires improvisées Germaine Serré et Gabrielle Robert, l'enseignement avait été confié aux Filles de la Sagesse.

Cette congrégation est née dans l'ouest de la France. Son fondateur, Louis Grignion de Montfort vouait à la Vierge le culte de superdulie dans ses nuances infinitésimales. Elle était cette sagesse à laquelle C.G. Jung a consacré sa *Réponse à Job*, émanation de la pure pensée de Dieu, reflet de sa divinité. Filles de la Sagesse ! Les philosophes se veulent ses fils. Nous savons à quel point ils sont indignes du nom qu'ils portent, depuis le théâtral Socrate, comédien de sa propre mort (et on voit

Platon et Xénophon qui prennent des notes) jusqu'aux terribles avatars du néant que sont Sartre et Foucault. Peut-être ne peut-on être fils de la sagesse qu'en acceptant de disparaître dans l'anonymat. On n'a droit à ce nom qu'en rejetant son nom. Je m'incline devant l'anonymat de ces femmes. Leur emploi du temps m'est resté dans l'esprit, car elles se levaient avant cinq heures du matin pour prier. Leurs journées, toutes pareilles, étaient consacrées à l'enseignement et à l'oraison. Leur habit était la copie de celui des femmes du peuple qu'avait évangélisées, dans sa Bretagne natale, l'apôtre marial. Elles portaient des sandales noires, dont le claquement percutant dans les couloirs était un langage secret. Nous reconnaissions le pas de chacune et ce pas révélait le caractère de la marcheuse. Elles devaient, par tradition, aimer ces bruits secs, car elles maniaient volontiers le claquoir : un coup, debout ; deux coups, à genoux, le reste à l'avenant. À leur flanc, elles accrochaient un long chapelet de buis noir, qui luisait et qui, lui aussi, au moindre mouvement, tintinnabulait sèchement. Les sœurs étaient anonymes, non inaudibles. Nous les moquions, car dans leurs moments de colère (vraie ou fausse) elles ressemblaient, en gris, à la Hollandaise qu'on voyait sur les boîtes de poudre à récurer. Un corset dur comme fer leur faisait une poitrine plate, qu'avantageait un crucifix. Leur coiffe, de toile fine empesée, souvent ravaudée avec une finesse d'ange, les empêchait de voir, sinon droit devant elles. Le dimanche, lorsqu'elles entraient dans l'église, recouvertes de vastes mantes noires, dont le bonnet s'épanouissait, à l'arrière, en rosace, elles ressemblaient à des ombres orantes. Elles priaient pour nous, pour notre survivance. Originaires du Québec, elles ne pouvaient deviner que le Québec trahirait bassement tout ce pour quoi elles avaient sacrifié leur vie et leur liberté : langue, foi, dignité humaine, qu'il s'enfoncerait dans les jeux sordides de la basse politique et se détruirait, tournant le dos à l'appel de l'histoire, au profit de quelques nouveaux riches. Les Filles de la Sagesse formaient une congrégation demi-cloîtrée. Elles connaissaient les rigueurs et du monde et du cloître. Deux de mes cousines paternelles ont pris rang parmi elles ; l'une infirmière, l'autre missionnaire enseignante sous la voûte polaire.

Quand j'entrai en cours préparatoire, au couvent, au cœur de l'Arche d'alliance, je savais lire. Je me souviens de la salle de classe. J'avais cinq ans. Elle était quadrangulaire, les bancs d'écoliers la traversaient d'un mur à l'autre dans le sens de la longueur ; en face de nous, l'estrade où se trouvait le pupitre de la maîtresse ; derrière, de grandes fenêtres qui ouvraient sur une galerie. Nous lisions La Fontaine dans la luminosité de l'hiver et c'est dans cette clarté précise qu'il devint vite, et pour la vie, mon bon maître. Les Filles de la Sagesse savaient-elles, vierges sages, qu'elles enseignaient à des enfants, pâte cireuse, fragile, la pensée de l'un des hommes les plus subtils et profonds qui aient jamais été ? Lisaient-elles plus loin que les mots de la première fable ? Elles peinaient à nous expliquer la sécheresse de cœur de la fourmi. Nous n'y comprenions rien, mais je reste persuadé que les mots agissaient, pénétraient en nous, s'installaient en nos âmes. Les cigales se rangeaient du côté de la rieuse de l'été ; les fourmis serraient les dents et juraient *in petto* de ne jamais, au grand jamais, donner ! J'étais, bien sûr, la cigale. Le temps aidant (ce grand ami des lecteurs de La Fontaine, le temps), je suis devenu plus fourmi ; un jour cigale, l'autre, fourmi. Je me trouve, enfant, cette instabilité de l'âme. La Fontaine est le Plutarque des enfants. Il nous donne tous les exemples de vie, nous n'avons qu'à suivre sa trace. Mais, il faut le lire jeune, car il est insinuateur. Il se glisse dans l'esprit, imperceptiblement et s'en rend le maître. L'homme fait se moque gentiment de ces apologues. Il interdit au style, par un décret catégorique, de faire son œuvre. Il a peur du bien-fondé de ces leçons. Il en reconnaît la vérité, puisque nous vivons en La Fontaine. Quand même, il craint cette vérité, comme l'homme qui a tout perdu au cours d'un séisme, interdit qu'on parle de tremblement de terre.

C'est pourquoi, en somme, on lit peu La Fontaine. La magie de son style n'agit que sur les lecteurs qui placent le style au-dessus de tout. Combien sont-ils, en ce bas monde ? Cent ? Mille ? Soyons généreux, retenons mille. Et ce message qui fait peur ! On le donne à lire aux enfants, expliqué par des religieuses pures et bonnes qui châtrent le bonhomme. Heureusement, le style glisse, coule, cherche l'imperceptible faille et voilà un autre adepte de six ans qui ne le sait pas encore, mais qui ne verra jamais plus la vie sous le même angle. Le monde la voit de biais. Seuls les amis respectueux du bon maître la voient à angle droit, dans sa totale, absurde, mystérieuse, radicalité.

Ah ! ce que j'étais heureux alors, gringalet, assis sur un banc, le dos au soleil, entouré de frimousses toutes pareilles à la mienne et cette bonne sœur grise et blanche, au crucifix, au chapelet, aux babouches noires (gris, blanc, noir, divine harmonie!) qui nous lisait La Fontaine, en précisant chaque syllabe, avec les accentuations qui lui venaient de quelque régente du noviciat, d'origine bretonne et la gestuelle un peu compassée de qui porte un corset qui vous supprime la poitrine pour l'éternité. L'intemporalité de la religieuse ajoutait à la leçon de La Fontaine. Le costume des Filles de la Sagesse lui facilitait son entrée dans l'absolu. Qu'avait pensé Grignion de Montfort du fabuliste? La vie est-elle une fable?

Nous apprenions aussi autre chose. D'abord, à grandir. C'est un processus de vie. Les religieuses voyaient en nous des hommes. Elles le répétaient, comme un cri adjuratoire : vous êtes les hommes de demain. Qu'entendaient-elles par cette prophétie? Je regardais les hommes autour de moi. Seul m'intéressait M. Gagné. Il occupait une maison blanche, dans notre rue, devant laquelle, soir et matin, je passais, mon cartable aux épaules, toujours pressé d'arriver à l'école ou à la maison. Il était assis sur sa galerie, la pipe à la bouche, et regardait passer cette jeunesse. Il se berçait, les yeux dans le vague. Il portait la barbe et la sienne était blanche. C'était véritablement le vieillard dans sa beauté et sa majesté. On n'imagine pas autrement le dernier Job. Sa femme, vêtue de noir, trottinait dans la maison. On aurait dit deux personnages des contes de Perrault. Je lui disais : Bonjour, monsieur Gagné! Il inclinait la tête, assez cérémonieusement. L'hiver, on le voyait, assis derrière la fenêtre du salon, fantomatique, à demi caché par les rideaux de dentelle. Il avait passé sa vie à travailler dans les bois, scieur de long, contremaître. J'aurais aimé m'asseoir à ses pieds, l'entendre me raconter la drave. Je me rends compte aujourd'hui que, dans cette ville du bois, scierie, papeterie, longs hivers dans la forêt, personne ne parlait de l'abattage des arbres, de la vie quotidienne des bûcherons, de leurs ardeurs, de leurs détresses. Pourtant, comme dans la *Chasse-galerie*, ils devaient en ressentir avec violence les effluves. Peut-être parlait-on de tout cela, mais pas à un garçon de sept ou huit ans; dans ma famille, où mon père était le patron de certains de ces hommes, on passait l'éponge sur ce côté de la vie. Monsieur Gagné représentait donc, à mes yeux, un homme qui avait découvert les secrets de la forêt. C'est pourquoi il avait l'air d'un sage. J'étais fier d'être l'ami de son petit-fils, Jeannot. Il me semblait aussi que les jours où M. Gagné avait répondu à mon bonjour, j'apprenais mieux. Qu'apprenais-je?

D'abord, l'histoire sainte. Les Filles de la Sagesse vivaient l'Écriture sainte, heure par heure, à tout moment priant à voix basse, un psaume par-ci, une oraison par-là. Les personnages de la Bible étaient leurs compagnons sur la route de la prière. Je n'ai retenu de ces leçons qu'un personnage. Il a hanté ma vie. C'est Job, l'homme qui a tout eu et qui n'a rien eu, qui a tout possédé et tout perdu. Peu à peu, il s'est décanté, pour devenir le témoin de l'acceptation du destin, l'homme objectif, qui dira toujours oui à la vie. Les leçons étaient aussi l'occasion d'enseigner la géographie. Je me souviens comme si c'était d'hier, de la carte rudimentaire que l'institutrice accrochait à la tringle du tableau noir, qu'elle dénouait et qui glissait lentement, dévoilant l'Europe, la Méditerranée, la Grèce, la Terre Sainte, l'Égypte, l'Afrique du Nord, l'Espagne, les colonnes d'Hercule, un peu de l'Atlantique. Des points noirs, accompagnés de noms, marquaient les lieux importants : la France et Paris avaient droit à une graphie spéciale. Toutes les religieuses aspiraient à aller à Rome, à Paris, à Jérusalem. Les jésuites de Sudbury, dans leurs homélies, rappelaient que saint Ignace avait fondé leur ordre à Montmartre ; le pape, redevenu libre, habitait le Vatican, qui est à Rome ; Jésus, mon Dieu, c'est Jérusalem. Depuis, j'ai lu le beau livre que Daniel-Rops a consacré à la Palestine à l'époque de Jésus (ouvrage pillé par nombre d'écrivains) mais rien ne remplacera dans ma mémoire les belles images qu'on nous montrait des chameaux, des brebis, du désert, du ciel étoilé et de ces bergers à djellabas rayées noir et blanc, appuyés sur leurs crosses, qui méditent la nuit en attendant Noël. Les rois et les prophètes annonçaient le cathéchisme.

J'ai conservé mon premier catéchisme et m'étonne à quel point, sur un détail ou un autre de la doctrine chrétienne, il m'est utile. Pourtant, je lis Rastinger. Le petit catéchisme, dit de la province de Québec, est une mine de renseignements parfaitement énoncés. Un jour, par blague, j'ai écrit que c'était le chef-d'œuvre de notre littérature. La blague, je m'en rends compte, n'est pas loin de la vérité. Comment un enfant ne peut-il pas être marqué par un passage comme le suivant? On me dira qu'il lui est incompréhensible. Je réponds que ce qui est incompréhensible à huit ans, marque l'homme de vingt ans. En-dehors même du contexte religieux, quelle leçon de clarté d'expression et de familiarité avec les puissances abstraites!

«On appelle substance ce qui existe tout seul; la couleur n'est pas une substance, car on ne peut pas supposer la couleur en dehors d'un objet quelconque coloré; il en est de même de la forme, du goût, du poids, etc., car la forme, le goût, le poids n'existent pas tout seuls. La couleur, la forme, le goût, le poids tombent sous nos sens; on les appelle des espèces ou des apparences.

La substance ne tombe pas sous nos sens.» (p. 134).

Qui dit mieux? Si on enseignait les définitions du petit catéchisme aux peintres et aux architectes, il y aurait moins de croûtes de par le monde, et moins de «boîtes-à-bouquet» de par les rues. Les incultes ont le haut du pavé, avec leurs bouches haineuses et l'envie dans l'iris, la paupière fuyante, les sourcils inquisiteurs. Dans mon petit cathéchisme, tout est de cette trempe, définitions, à la fois abstraites et simples, qui entourent le mystère, sans chercher, bien sûr, à le pénétrer, à l'expliquer. Il y a là une qualité d'âme qui vient de l'enrichissement des siècles, des réflexions des Pères et, si j'ose dire, des méditations aussi, dans le silence de leurs cellules, des Filles de la Sagesse. Cellules? Elles n'en avaient pas, couchant à côté les unes des autres dans des alcôves rudimentaires séparées par des rideaux blancs. C'est toute leur vie qui formait prière, foyer lumineux dans notre ville. Deux d'entre elles sont restées dans ma mémoire. La première, qui s'appelait sœur Alfred, m'a enseigné en huitième année, alors que j'avais onze ans. Elle était grande et mince. Ses traits, d'une finesse à la Récamier, ressortaient avec éclat sous la coiffe.

Mais comme elle avait l'air sévère! Elle aimait l'ordre, l'autorité, avec cette douceur apprise qui est plus inflexible que la plus absolue sévérité. Nous l'aimions et la craignions. Elle avait le don des dictées, de tout ce qui a trait à la grammaire. Nous nous entendions, elle et moi, au-delà des profondeurs, par cet amour sacré du langage. L'autre, sœur Théodore, était infirmière dans notre petit hôpital. Elle était rieuse et brusque, n'avait jamais une minute à perdre, patiente, ennemie des pleurnicheries, ne se souciant que de guérir des malades. Au contraire de sœur Alfred, cette pure intellectuelle, sœur Théodore était replète, son visage était rond, presque hommasse, elle courait partout, on ne voyait qu'elle. Au bloc opératoire, elle ranimait les opérés. Elle n'était pas de ces religieuses-infirmières qui, dit-on, sous prétexte d'alléger le sort de lointains Chinois, refusaient aux malades la piqûre de morphine réglementaire. Dans notre ville, elle connaissait tout le monde et tout le monde la connaissait. Elle inspirait une confiance sans limites. Dans une petite ville repliée sur elle-même, se dressent, ainsi, des êtres d'exception qui agissent dans l'ombre et qui, d'une certaine manière, servent de catalyseurs à la population. Ce sont des ancrages.

Ces religieuses avaient une Supérieure, que nous appelions, et qu'elles appelaient, Bonne Mère. Au début du siècle, ces Bonnes Mères étaient toutes Françaises. Ce fut une révolution lorsqu'une Canadienne devint Supérieure, et puis Provinciale. Enfant, j'ai connu une Provinciale, qui était Bretonne. Elle nous parlait, tous réunis dans la cour du pensionnat. J'aimais son accent rocailleux et pur. Elle prononçait les « i » comme dans mille ; j'attendais avec impatience des mots comme livre, ivre, givre, mise. Cette faiblesse de l' « i », énoncé par une sainte femme, me donna mes premiers frissons érotiques, me rendit présent mon corps charnel. Peut-être avais-je six ou sept ans. Peu à peu, en écrivant beaucoup, et chaque jour, aurai-je un style à moi, un timbre. Eh bien ! ce timbre naîtra de ces premières émotions esthétiques, qui électrisaient ma petite personne et me faisaient trembler, depuis le bas-ventre, jusqu'à la tête, aux yeux qui prenaient alors une expression angélique. Mon front était pur, mais l'adulte perçait comme il pouvait, en l'enfant.

Les mathématiques étaient ma bête noire. Apprendre à compter n'est rien. Manipuler les chiffres en fonction de combinaisons infinies, c'est autre chose. Maman adorait les maths. Elle en faisait un point d'honneur et aurait voulu que, comme elle, je jonglasse avec les multiples. Au contraire, je me braquais. Mon point d'honneur à moi, c'était de n'y rien comprendre. À huit ans, on me disait : douze fois douze — peine perdue, je répondais n'importe quoi. Je recevais des gifles, des fessées, peu m'importait. Il y avait, dans ma vie, cette grande lutte entre les chiffres et moi. Un jour, je dus rendre les armes. C'était à prendre ou à laisser. La table des multiplications dans les douze heures, où je n'entrais pas en sixième année. Je m'enfermai dans ma chambre, étudiai attentivement le tableau des séries et me rendis compte, en moins de temps qu'il ne faut pour le dire, que je savais parfaitement tout cela. Les questions répétées, les séances d'explication avaient porté fruit. Je redescendis, le cahier à la main et répondis d'une voix claironnante, offensante, aux questions hier mystérieuses, aujourd'hui objets de mon mépris. Mon attitude me valut de retourner dans ma chambre sans souper et d'y ronger mon frein, d'apaiser mon orgueil blessé.

Il est certain que l'amour que nous nous portions, ma mère et moi, n'allait pas sans tension. Orgueil de part et d'autre. À plusieurs indices, je devinais qu'elle sentait en moi une force qui ne demandait qu'à s'exprimer et à s'exprimer contre elle. Ma mère était le seul ennemi que je savais digne de moi. À dix ans, je recherchais je ne sais quel combat d'où je devais sortir vainqueur et ma mère était, par rapport à moi, comme une Armide dont Renaud eût été le fils. Elle portait en elle des philtres magiques qui pouvaient me détruire. Son intelligence caustique et sûre d'elle-même se mesurait sans cesse à la mienne ; non pas à son niveau, car elle était supérieure, mais condescendant à descendre au mien, afin d'y remporter une vraie victoire. Jamais elle ne faisait appel à l'argument d'autorité, ou à l'expérience. J'avais comme adversaire une autre et sublime enfant. Parfois, nous échangions un regard, elle de ses yeux bleus comme de l'acier poli par le soleil de l'intelligence, moi, des miens, à cette époque chargés du besoin de connaître le monde — et cet échange n'était pas toujours sympathique. Était-ce un jeu ? Je n'en sais rien, sinon que maman s'amusait à m'affermir dans mon être par cette dialectique de l'amour-rejet. Dans les mouvements de révolte contre la sienne de mon intelligence d'enfant, j'aurais voulu me jeter à ses genoux et l'adorer. Mais la rancœur était la plus forte, et l'humiliation. Parfois je me sentais le plus fort, et, à partir de l'âge de dix ans, je sus argumenter, ma pensée ayant appris à suivre un cheminement logique; qui plus est, je choisissais mon terrain avec soin, je la voyais presque vaciller devant l'homme que je serais un jour, quel que je dusse être. Il y avait, entre ma mère et moi, cette connivence des vrais jouteurs. Que n'a-t-elle vécu pour m'apprendre à devenir celui que j'aurais dû être. Mon père est mort lorsque mon adolescence dressait sa voile au loin; ma mère est morte au seuil de mes vingt ans. Je n'ai jamais trouvé l'interlocuteur qui pût me parfaire. J'ai vécu entouré d'hommes et de femmes, de savants maîtres, qui ont répondu à mon appel. Au milieu d'eux, souvent, je me suis trouvé, à juste titre, indigne. Là n'est pas la question. Ces amis, ces maîtres, m'on permis d'évoluer, de comprendre certains aspects du monde. Mais je crois que seuls un père et une mère peuvent répondre à ces cris de tout l'être, invocations qui résument le cœur et l'intelligence d'un homme. À l'appel secret du fils répond la volonté secrète du père. Au rythme du cœur secret du fils répond le cœur secret de la mère.

J'aurais aimé être à Paris avec mes parents. Cela n'a pas été.

J'apprenais aussi le français. En réalité, c'était la matière principale de l'enseignement. Il y a des années que je n'ai adressé la parole à une Fille de la Sagesse. Dans la tourmente qui emporte tout, que sont-elles devenues? De l'enseignement, elles

140

connaissaient les méthodes, elles en maîtrisaient l'art suprême, qui est de rendre la réalité agréable. Il y eut d'abord l'alphabet, que j'appris systématiquement, bien que sachant lire et écrire. Sans amour de l'alphabet, comment aimer le dictionnaire? Sans amour du dictionnaire, comment vivre à l'intérieur du langage? Notre vieux *Larousse* aura été le génie de mon enfance. Les sœurs nous enseignaient le vocabulaire, la prononciation, le «par-cœur». Les fables alternaient avec des poésies pieuses, venues de France, qui mettaient en scène des apôtres ou des femmes de la Bible. Au-dessus du tableau noir, une longue bande de lettres blanches nous rappelait la prépotence de l'alphabet, suite sacrée dont la terminaison, V — W — X — Y — Z — avait un caractère qui suscitait la crainte, par sa barbarie. Je préférais à ces lettres peu en usage l'a — b — c — d, et surtout, l'e qui, avec la lettre l, a toujours ma préférence. Le, la, me semblent toujours les plus beaux sons de la langue humaine.

Nos institutrices prononçaient chaque syllabe avec une précision qui nous émerveillait. Quel contraste avec le français parlé dans la rue, et souvent à la maison. Je me dis souvent que les parents devraient aller à l'école, non les enfants. Bien sûr, elles ne prononçaient jamais un mot leste. Cela me paraissait d'autant plus naturel que ma famille était prude. Nous aimions rire, nous taquiner, nous moquer. J'ai conservé ces traits. Mais je ne moque pas la religion, Dieu, le sacré qui, d'âge en âge, accompagne l'homme sur sa route. Et les histoires osées ne sont pas de mon ressort. Je n'en connais pour ainsi dire aucune; j'écoute celles qu'on veut bien me raconter et les oublie aussitôt. J'aime les anecdotes qui révèlent des traits de la nature humaine. La grossièreté ne se renouvelle pas, donc elle ennuie.

Nous faisions des dictées et, très tôt, on nous mit à la composition. Je m'y sentis à l'aise, donnant libre cours à mon imagination, ne sachant pas que la poésie, c'est le réel. J'ai mis un demi-siècle à comprendre le sens de cette vérité. Coller au réel, même lorsque votre imagination vous soulève, privilégier le détail vrai, qui s'insère dans la vérité du récit et accentue sa plausibilité. Regarder ce qui est; mieux encore, le voir dans sa plénitude. Les sœurs nous enseignaient à décrire des objets, à imaginer des scènes. Je décrivais, j'imaginais. Pourtant, il y avait césure. Je voulais autre chose que l'écriture, dans ma vie. Je ne savais quoi. L'écriture, dans ma jeunesse, ne serait pas l'élément déterminant. En moi, trop de désirs confus, trop d'attirances, trop de possibilités s'agitaient. D'une certaine façon, la bonne fée du berceau avait été trop généreuse. Elle m'avait enveloppé dans ses dons. Mais, comme toujours lorsque intervient une bonne fée, elle est suivie d'une Carabosse.

Cette dernière dit : tous ces dons ? Je veux bien. Plus encore, s'il le faut ! Donnons dans la générosité. Mais (et ici on reconnaît le timbre de Carabosse) notre petit ami ne pourra exploiter aucun d'entre eux à fond. Il aimera le réel, certes, mais restera à la surface du réel; il se tournera vers Dieu, mais à-demi; il aimera, tout court, mais sans passion. — Médiocre, alors ? — rétorque la bonne fée. — Carabosse sourit. — Peut-être pas entièrement, mais avec des parties de médiocrité qui gâteront le reste. — Dans son berceau, le petit, entendant les fées, tire la langue à Carabosse. — Tiens, il réagit, dit-elle, j'aime ça. Je faiblis. À partir de la trentaine, il trouvera son assiette. Il saura ce qu'il voudra. Il acceptera d'être ce qu'il est.

Ainsi, je crois, parlèrent les fées. Jusqu'à trente ans, j'aurai subi les charmes de Carabosse ; à partir de mon retour d'Indochine (1958) je suis retombé sous la coupe de la bonne fée. Tout ceci pour noter ce que j'aurais pu dire en une seule phrase ; j'ai mis du temps à vieillir. À dix ans, de pic en pic, je sautais comme un cabri. J'étais le roi du monde. Je ne soupçonnais pas l'étendue du royaume des ombres, tout à la lumière de mes bonheurs d'enfant.

Mes lectures progressaient. Notre bibliothèque comportait des ouvrages de toutes sortes. Parfois, au cours de flâneries chez des libraires d'occasions, je retrouve ces livres fanés, les traductions de Vogüé, les Russes, en particulier Tourgueniev, des Français du second rayon ; quelques Balzac. Les *Scènes de Province* ; des récits de la Campagne de Russie ; des mémoires de généraux napoléoniens comme Marbot, et surtout, Lagardère, Belle-Rose, qui devinrent des intimes, que je lus et relus. Comme toutes ces prouesses me paraissaient plausibles, vraies même ; j'admirais la duchesse de Châteauroux qui tue froidement le soldat: «Tu m'as touchée, je crois.» Et vlan ! un cadavre. Cet esprit de décision, chez une femme à la poitrine opulente, courant en amazone au milieu des décombres, me subjuguait. J'enviais Belle-Rose, né à Saint-Omer, dans le nord de la France. Je lisais aussi Bourget, *Un disciple*. Bien sûr, je ne comprenais rien, mais je m'acharnais jusqu'à saisir, dans le vague de mon esprit, le rapport destructeur qui existait entre le maître et son jeune ami. À dix ans, je nageais en plein idéalisme ! Combien je regrette que personne ne m'ait guidé dans mes lectures. Catherine Dimier me racontera, plus tard, qu'à mon âge, elle ne lisait que des ouvrages choisis pour elle par son grand-père. Et qui était ce grand-père ? Nul autre que Louis Dimier, l'un des esprits les plus cultivés et les plus lucides de l'époque de Maurras. Dimier faisait lire Rabelais à sa petite-fille, sous forme de morceaux choisis. Il épinglait les pages interdites, qui auraient pu choquer. « Tu ne liras pas ça. » Catherine sautait les pages taboues. Rabelais à dix ans, comme ce dut être une belle aventure ! Et moi avec mon *Disciple* ! Heureusement, mon rêve se perdait dans la steppe russe, en compagnie d'*Une nichée de gentilshommes*.

J'apprenais des noms, la Malibran, George Sand, Flaubert, l'entourage de Tourgueniev ; Mme Hanska, que j'ai beaucoup aimée, dans sa forteresse au nom imprononçable ; Balzac lui-même, Honoré de, avec sa cafetière et son burnous. L'univers de mon imagination se dessinait. Dans *Entre toutes les femmes*, quel livre apporte le repos à mon héroïne ? La correspondance entre Balzac et Mme Hanska, dans sa première édition, tronquée. Peu importe, le Paris de 1830 y revit dans ses multiplicités. L'amour de l'homme pour la déesse s'y donne libre cours, Balzac dévoilant toute son âme, qui est le culte de l'argent. Je ne connaissais pas ces lettres et, à dix ans, qu'y aurais-je compris ? Je lisais *Ursule Mirouet* et *Eugénie Grandet*, en sautant à pieds joints les descriptions. Parfois, je tombais sur un récit d'horreur, que je dévorais. Je me souviens du personnage d'une baronne Hamelin, dont le nom m'est resté, car nous avions des voisins de ce nom. La baronne offrait l'hospitalité de son château à de jeunes et vaillants chevaliers. J'imagine qu'elle en usait; pour lors, ces détails me paraissaient incongrus. Dans sa chambre, une porte secrète qu'ouvrait le chevalier. Derrière lui, soudain, la baronne Barbe-Bleue le poussait à l'intérieur d'un réduit qui avait forme humaine et dont les murs étaient recouverts d'aiguilles de métal. La porte se refermait sur le malheureux transpercé.

Je prenais un grand plaisir à toutes ces histoires, qui m'arrachaient au train-train. Heureusement, l'enfant vit d'une vie végétative. Je pousse. Mes sœurs aînées sentaient cette poussée, éminemment. Elles étaient jeunes et belles. L'aînée de la famille se maria la première. Ce fut un mariage d'amour. Je laisse deviner la suite.

À Noël, aux grandes vacances, la maison se remplissait de jeunes filles qui n'avaient qu'un but, s'amuser. À chaque Noël, il y avait un grand bal, à la salle des Chevaliers de Colomb. De beaux jeunes gens, déguisés en smoking, Rodolphe Boileau ou Laurent Fortin, venaient à la maison attendre que mes sœurs fussent prêtes. Nous les faisions asseoir au salon, raides, sérieux, attentifs au moindre bruit, eux que nous connaissions assez rudes gaillards. Ma mère leur faisait la conversation. Ils souriaient, intimidés et je crois qu'ils rougissaient. Ils avaient vingt ans. Ma mère s'affairait: va voir ce que deviennent tes sœurs. Je montais l'escalier à la charge. Mes sœurs m'apparaissaient dans la luminosité de la jeunesse, en robe du soir, comme des déesses.

Il y avait, dans notre ville, une couturière, sœur de ma maîtresse de piano, sœur de Ninon, Mme Trudel, qui avait travaillé quelque part — était-ce à New York? — chez de grands couturiers. Ma mère l'employait constamment, pour elle-même, et pour mes sœurs. Cette femme avait de l'imagination et du goût. Elle recherchait la ligne, ma mère aussi. L'amalgame de leurs simplicités donnait des merveilles. C'est de cette élégance discrète que m'est venue mon horreur des parvenus. Peut-être la qualité essentielle de la vie est-elle la tenue. J'admirais donc mes sœurs qui, m'apercevant, poussaient des cris, se précipitaient vers le miroir, se parlaient à voix basse. Elles étaient prêtes, mais attendaient de l'être à leur gré. Moi, je les trouvais parfaites, enviant Rodolphe et Laurent. Et lorsque mon tour sera venu d'aller attendre, quel ennui. Nos deux lascars, dans le salon, que pensaient-ils? Leurs mères étaient des amies de la mienne. Maman admirait surtout Mme Boileau, que nous voyions passer tous les dimanches, allant à la messe, disparaissant dans ses voiles de veuve. Maman nous disait: «Cette femme est un puits de science.» Je la regardais avec stupéfaction. Lui ressemblerais-je, quelque jour? Je regardais aussi partir mes sœurs avec leurs cavaliers. Elles couraient dans le froid jusqu'aux voitures. La salle de bal était tout près, mais pas question de s'y rendre à pied. La voiture démarrait. Je regardais le ciel, espérant des étoiles. Parfois, il y en avait.

X

Un jour, on nous apprit l'arrivée, pour se fixer dans une rue près de l'hôpital, de grand-mère Lanthier, de ma tante Allard et de ses trois filles. J'avais huit ans. Ce jour est l'un des plus importants de ma vie, car je trouvai là une nouvelle famille. Ma sœur immédiate avait deux ans de plus que moi. Fougueuse et gâtée, elle était déjà une petite demoiselle. Je voulais commander. Elle résistait et perçait l'air de cris. Trêve, armistice, compagnonnage factice, je laissai mademoiselle à ses poupées, à ses jolies robes, à ses amies. Je devins amoureux de la famille Allard. Mon oncle, après des études de médecine ratées, s'était établi marchand à Hull. C'est à lui que mes parents rendaient visite, deux fois l'an. Il était mort, peu auparavant, dans l'incendie de son magasin. Aux prises avec les sociétés d'assurances, donc ayant vécu l'enfer de Dante, ma tante, flanquée de ma grand-mère et de ses filles, avait erré jusqu'à Kirkland Lake, dans le nord de l'Ontario, à la recherche d'équilibre. Ma sœur aînée, mariée à un avocat qui pratiquait dans cette ville, ma grand-mère, ma tante, formaient un petit hâvre qui, aujourd'hui, me paraît avoir fort ressemblé au radeau de la Méduse. Ces cinq femmes, une âgée, l'autre d'âge moyen, trois petites venaient se fixer auprès de nous. Aux yeux de beaucoup de Franco-Ontariens, notre ville représentait un refuge. Elle était bourgeoise, on y envoyait les enfants, non seulement à l'école, mais au collège et à l'université.

On y avait conservé quelque chose, sinon du Québec, du moins de français, qui tranchait sur le débraillé d'ailleurs. Entre Sudbury, ville minière dont la grossièreté et la laideur nous choquaient (et Dieu sait que notre ville, malgré sa rivière, était loin d'être belle!) et Ottawa, où besognaient des petits fonctionnaires dont nous nous moquions, notre petite ville, calme, somnolente, semblait devoir échapper à la durée. Pour nous, elle était un diamant. Mes nouvelles amies trouvèrent donc un asile auprès de nous. J'appris vite à connaître le chemin qui menait chez elles. Elles habitaient une maison carrée, de bois peint en jaune clair, au milieu d'un jardin. Elles tournaient le dos à l'hôpital. Mes cousines se firent des amies de leur âge. Mais j'étais le mieux aimé. J'ai raconté comment ma grand-mère me chantait ses vieilles chansons, dans la chaleur de la cuisine, en faisant de la dentelle, Vermeer rustique. Ma tante, et marraine, ne pouvait se passer de moi. L'hiver, je pelletais la neige, transportais le bois de la remise dans la maison, faisais des courses. Parfois, emporté par la paresse, je m'enfuyais. Tante pestait et, à mon retour, me menaçait des pires sévices. J'avais peur, car elle avait le don de la gifle. Mais j'avais peur aussi pour le plaisir d'avoir peur, car je surprenais dans son œil courroucé une autre tendresse que celle qu'elle répandait autour d'elle. Elle me donna, à la mort de ma grand-mère, son chapelet. Mieux mille fois encore, elle me donna beaucoup d'amour. Ma tante avait neuf ans de moins que ma mère. À mon âge, cette différence était essentielle. Je la trouvais plus rieuse, ses mouvements avaient une brusquerie souvent charmante. Elle chantait, jouait du piano, avait une démarche radieuse, mince, droite, le front dressé, toujours vêtue à ravir. Elle avait aussi, ce qui m'attachait à elle, une mélancolie dans le regard. Parfois, au cours d'une conversation générale, je voyais ses yeux se figer, se brouiller. Elle appuyait sa tête sur sa main en souriant, mais je sentais que son esprit était ailleurs, qu'elle rêvait elle aussi, comme moi, peut-être, à l'impossible. J'allais m'asseoir à côté d'elle, ou à ses pieds, et l'imitais dans sa rêverie. Mais, en général, ma tante était agissante, trouvant toujours quelque chose à faire, autoritaire, préparant quelque cantique, s'occupant d'œuvres. Sans être pauvre, elle n'était pas riche et voyait souvent l'avenir en noir. Elle nous répétait souvent, à ses filles et à moi, que nous verrions. Quoi? Nous n'en savions rien. Ma tante prophétisait-elle, nouvelle Cassandre que ses auditeurs devaient ne pas comprendre? Ce «vous verrez» appartenait-il à un langage secret, qu'elle était seule à parler, comme le japonais du mikado? Nous n'y entendions rien, insoucieux des avenirs. Elle avait raison, dans ses ellipses. Nous en avons vu, de ces choses! J'aurai passé mon enfance en pleine crise économique et je l'ai terminée dans les noirceurs annonciatrices de la guerre. Vous verrez — disait ma tante. Le regard de mes contemporains n'est pas revenu de ce qu'il a vu.

Je pris l'habitude de considérer la maison de ma tante comme un second foyer. J'y couchais parfois et c'étaient des nuits fastes. On ouvrait un lit dans le petit hall du haut, qui donnait directement sur l'escalier. Je m'endormais avec ma grand-mère, ma tante et mes cousines dans leurs chambres et moi entre elles et le vide de la maison. J'étais le gardien de ces cinq vies précieuses. De la cuisine montaient les derniers râles du poêle, avant la nuit. Il faisait chaud et bon. Ce n'était pas la maison de ma mère, de mes frères et sœurs. J'étais ici, non par un accident de dates, mais parce qu'on m'y aimait pour moi-même. J'avais franchi une étape essentielle; je m'étais présenté à un groupe sévère et fortement différencié, par les naturels et par l'âge; ce groupe, loin de me repousser vers les ténèbres extérieures, me chouchoutait. J'étais sorti victorieux de cette épreuve, sans savoir qu'elle m'était funeste, précisément parce qu'on m'y aimait trop. Par la suite, j'ai nourri l'espérance, chaque fois que j'arrivais en pays inconnu, d'y trouver la même ferveur. Chaque fois, j'ai été déçu. Ma coupe avait débordé, moi trop jeune.

Mes amis alors s'appelaient : ma sœur Vic, mes cousines Cécile, Micheline et Ghislaine Allard, Jacqueline et Raymond Paiement, Léo Davidson et Roland Cusson. Ils étaient mes amis parce que nous jouions ensemble ou, dans le cas de Jacqueline Paiement, parce qu'elle me prêtait des livres. Je ne me retrouvais seul que lorsque je le voulais bien. Nous parcourions la ville dans tous les sens, où rien ne m'était interdit. Je craignais la rivière et ses chutes, dans lesquelles s'était noyé mon frère Alphonse. J'ai vécu mon enfance dans l'hypothèse que, moi aussi, je me noierais, comme lui, comme Minette Marchildon. Son nom revient encore, dans nos conversations de famille.

Les Marchildon étaient des amis intimes, si tant est que nous en eûmes. Pierre, qui avait l'âge de mes parents, avait été maire. Sa femme, qui était une Aubin (riches bourgeois, secrets, matière à roman) ou une Dumouchel (même description) jouait parfaitement au bridge. C'était une femme de tête, comme ma mère les aimait. Pierre Marchildon avait deux sœurs, Victoire et Blanche. Nous appelions ma sœur, Vic, en l'honneur de Victoire Marchildon. Blanche, violoniste, fit carrière dans la finance. Victoire était, nous le savons, une célébrité de notre théâtre. À l'église, elle «touchait l'orgue», de façon, il faut bien le reconnaître, quelconque, à la martiale, n'utilisant qu'un clavier, jamais le pédalier, traitant l'orgue, en somme, comme un harmonium. Les frères Casavant avaient sûrement espéré autre chose. Elle dirigeait la chorale. Les messes de Noël attiraient les foules, non seulement les paroissiens du Sacré-Cœur, mais les paysans des environs et, parfois, des étrangers d'Ottawa, ou même de Montréal. Les messes qu'on chantait, dans ces grandes occasions, accompagnées de cantiques idoines, étaient d'origine vaticane, œuvres de chanoines ou de prélats italiens. Elles permettaient de donner de la voix. Les solistes y brillaient, hommes et femmes. Les *tutti* étaient *fortissimi* et *pianissimi*. Nous, auditeurs captifs et bienheureux, alternions entre la violence des passions déchaînées au jubé et la douceur miraculeuse des paroles d'amour de Dieu à l'homme. Cette musique était-elle bonne? mauvaise? Nous n'en savions rien. Notre rôle était de vibrer et nous vibrions. Les voix étaient belles, naturellement. Victoire Marchildon leur permettait de donner libre cours à leurs fantaisies, tout en empêchant ces amateurs de tomber dans la vulgarité. Ni cris, ni enthousiasmes paysans, au moment du «Minuit, chrétiens». Entre tous les chanteurs, ma mère préférait la voix de baryton de mon beau-frère, Gaétan Rochon, qui, en effet, chantait admirablement, avec douceur et abandon, d'une voix riche et suave, comme je les aime moi aussi (et je partage là le goût de ma mère), voix qui, soudain, se brisent pour mieux se retrouver à la note suivante.

Il y avait dans l'église, à ces messes de minuit, une atmosphère qui tenait de la fusion nocturne d'élévations communes, en dépit de l'éclairage violent, de la chaleur, de la rutilance des vêtements neufs et de l'odeur. Lorsque je regarde une gravure du XIXe siècle, par exemple un Suzor-Côté, «Maria Chapdelaine», qu'il s'agisse d'un intérieur ou d'une église, je sens l'odeur de ces lieux. Cette mémoire olfactive me vient des messes de minuit de mon enfance, où cette concentration d'odeurs se mariait à celle de l'encens dont les murs de l'église étaient imprégnés. Le célébrant, sous son dais, faisait le tour de l'église, accompagné de ses co-desservants, entouré d'enfants de chœur, au son du «Minuit, chrétiens». À partir de l'âge de huit ans, j'ai figuré dans cette procession, à titre de lévite, en soutane noire et surplis blanc. Mais avant, tout petit, debout sur le prie-Dieu, accroché au banc de messe, avec quelle angoisse n'attendais-je pas le cortège, qui se dirigeait à pas lents vers la crèche. Je les entendais venir ; je les sentais, car à mesure qu'ils approchaient, l'odeur de l'encens se faisait plus forte. J'entendais de plus en plus distinctement le cliquetis des encensoirs, que les servants projetaient, au bout de leur chaîne, le plus loin possible, à droite, à gauche, gauche, droite et les volutes se perdaient dans les rangées de fidèles qui prenaient conscience, en ce moment précis, du rôle qu'ils jouaient dans la tragédie d'amour de cette Naissance. Leurs péchés, mieux encore, leur nature pécheresse disparaissait dans un nuage de fumée odoriférante, intimement mêlée au rite. La présence du sacré les grandissait. Depuis des millénaires, l'encens faisait partie des grands moments de l'existence humaine. Il accompagnait certains gestes, un rituel auquel il ajoutait un sens, celui de l'intemporalité et de l'amour, c'est-à-dire, de Dieu qui est tout cela et qui étant tout cela, n'est que cela, sans être diminué par cette restriction. En respirant ce parfum âcre, nous savions que Dieu était présent parmi nous et qu'il ne nous abandonnerait pas dans nos errances, qu'à l'instar des Juifs dans le désert, nous trouverions, grâce à lui, la piste qui mène à la divine oasis.

Je voyais, autour de moi, ces visages de certitude.

Mon père, qui ne savait pas que la mort le guettait et qu'elle avait quitté, pour lui, Samarcande, se tenait debout, au bord de l'allée, comme un protecteur, un cran d'arrêt.

Il avait choisi notre banc familial et j'ai hérité de lui le trait que je vais décrire. C'est l'orgueil, dans son raffinement racinien. Il y avait, dans notre église, quatre séries de bancs ; près de chaque mur, ce qui faisait deux, une série de bancs qui pouvaient contenir dix personnes ; des deux côtés de la «grande allée», deux autres séries qui contenaient huit personnes, rangées à l'horizontale. Donc, cinq allées ; longeant les murs extérieurs, deux allées étroites, deux autres, entre les deux séries, celle du centre et celle du mur; enfin, la grande allée, qui menait royalement jusqu'au chœur. Les bancs qui donnaient sur la grande allée étaient, cela va de soi, les plus recherchés; notre « haute bourgeoisie » les occupait. Mon père, par orgueil, avait repoussé la tentation de l'allée centrale. Un banc donnant sur elle lui avait paru ostentatoire; ostentatoire aussi, mais en sens contraire, un banc près du mur. Nous ne nous affichions pas, un peu en retrait, pas trop, juste ce qu'il fallait, à droite, presque au centre, près de la seconde allée, ayant vue dégagée sur l'autel et la chaire, l'un et l'autre légèrement à gauche. Nous appartenions à la bourgeoisie, sans en être; très à l'aise sans être riches, amateurs d'éducation et de culture, sans afficher de dons particuliers; respirant l'encens sans qu'il nous monte à la tête. En un mot, le juste milieu, fidèle à ses origines françaises et catholiques, comme chose allant de soi.

Mon père avait l'orgueil taciturne. Il ne lui permettait d'éclater que lorsqu'il s'agissait de maman. Notre église fut, un jour, le lieu d'un triomphe au centre duquel maman figurait. Le délégué apostolique s'appelait alors Cassulo. Archevêque *in partibus*, il était rondelet, avait le sourire italien et paterne, tenait ses fines mains blanches croisées sur son ventre. Parmi ses obligations, figurait celle de visiter le Canada, admonestant évêques et prêtres, bénissant le troupeau. On nous annonça sa visite. Au curé se posait le problème de la messe solennelle, du banquet et de l'adresse. Ce discours, par-delà son représentant, traversait les airs et rejoignait le pape. Notre curé demanda à maman de rédiger cette supplique et de la lire. Elle accepta. C'était un texte court, mais symbolique, écrit et présenté par une femme, à une époque où l'homme était le roi et le maître. Mon père vit dans le choix qu'on avait fait de sa femme une preuve supplémentaire, si besoin était, de son bon goût.

Le grand jour arriva, de ces jours qui, dans l'histoire d'une famille, font date. Mon père et ma mère prirent place, cette fois-ci, non pas au banc familial, où nous nous trouvions, mais au premier rang de la grande allée, face au chœur odoriférant des prélats et des prêtres. Maman avait été, par les soins de notre modiste (ombre de Ninon) admirablement caparaçonnée. De noir vêtue, un liséré blanc à la manche, des gants de chevreau et une plume d'autruche relevaient de blanc la sévérité de sa tenue. Elle s'avança, sur le signe d'un abbé, déroula son adresse, la lut, entra dans le chœur, la remit au délégué apostolique et lui fit une révérence de cour. Dans notre banc, les uns sur les autres, nous regardions, tout admiratifs, officier notre mère ; nous entendions les accents suaves d'une voix familière soudain devenue lointaine ; il me semblait, dans mon ignorance, que je voyais maman pour la première fois. Habillée comme j'avais coutume de la voir, redeviendrait-elle la mère que j'avais connue ? Mgr Cassulo lui tendit à baiser un anneau splendide, qui rayonnait des vertus papalines. Rondouillard, couvert de satins et de broderies, il s'éloigna, crosse en main, bénissant. L'air qu'il déplaça dans son hégire fit vibrer la plume d'autruche blanche qui ornait le chapeau de ma mère, mélancoliquement.

Grandeurs et victoires secrètent leur propre amertume.

XI

L'or

À peine connaissions-nous l'or. Ni ma mère, ni mes sœurs, n'avaient de parures, sinon une alliance, un diamant, une broche. L'or était un métal mythique. Une femme pouvait avoir des cheveux d'or. Dans mes romans, l'héroïne portait de lourds bijoux ; je les imaginais sous forme de colliers négroïdes, encerclant et allongeant le cou. En un mot, pour nous, l'or, c'était l'argent.

D'argent, nous ne manquions pas. Dans mon cas, j'ai suivi l'exemple de mes parents ; j'en ai toujours à portée de la main et compte peu. C'est aussi qu'on m'a appris à n'avoir que ces besoins qui correspondent à ce que je suis et qui m'identifient socialement à moi-même. Nous étions riches pour les pauvres ; pauvres aux yeux des riches. Pour moi, c'est là qu'est la norme idéale : l'aisance, non pas la richesse. Qu'ai-je besoin d'avion, de yacht ? J'aime la mer, intensément, du rivage. Je vais à la mer, je ne la sillonne pas. Un jour, à Kelibia, j'ai vu un yacht au loin d'où s'échappaient, dans des chaloupes, des grappes d'invités. Ils se joignirent, sur la terrasse, aux clients de l'hôtel. C'étaient de riches Italiens, mâtinés de quelques Français. Endimanchés, dans une presque nudité de riches, le blanc prédominant, hommes et femmes ployaient sous le faix des colliers, des bracelets, des montres, d'or, toute cette quincaillerie. Je n'enviais ni leur errance marine, ni leurs stéréotypies, ni leurs tristes fardeaux.

L'or, dans ma famille, était une couleur d'église. Les prêtres portaient des vêtements brodés d'or. Cette matière, si précieuse, faisait partie du rituel. Le calice, le ciboire étaient d'or; peut-être bien aussi, la porte du tabernacle. Le symbole de toutes les richesses servait à l'usage christique, protégeait, par sa rareté essentielle, la personne du Dieu vivant. Les missels étaient tranchés d'or. Il ne me serait jamais venu à l'esprit, enfant, jeune homme, de transgresser cette interdiction du sublime et de penser à ce qu'on m'offre, par exemple, une chaîne d'or. Ce vœu eût paru incongru; non pas sacrilège, mais relevant d'une conception à la fois naïve et prétentieuse de ce que la famille souhaitait être. Dans notre esprit de clan, l'or viendrait plus tard, aux enfants ou petits-enfants, lorsque la famille, au faîte, aurait atteint sa vitesse de croisière. Pour nous, nous n'en ressentions pas le besoin.

L'or véritable, dans mon milieu, c'était donc cette continuité dans l'être, dans la dynamique ascensionnelle. Ce besoin de perfection sans alliage, où l'intelligence doit atteindre le carat le plus pur, j'en ai été imprégné dès l'enfance. Non pas l'argent, l'or. Mais un or immatériel, qui fait que la possession des chefs-d'œuvre devient chose naturelle; mieux encore, qui transforme en chef-d'œuvre ce que vous possédez, parce que cet objet vous appartient. Goethe à Weimar vivait entouré d'une statuaire rigidement quelconque. Nous cependant qui connaissons sa vie, sa pensée, sa catégorique insertion dans le temps humain, nous nous inclinons devant son choix. Il a rendu grand tout ce qu'il a touché, lui homme sans fortune, fortune des hommes.

C'est là que se trouve la vraie pierre philosophale, qui transforme tout en or métaphysique. Il y avait, à la maison, de fortes tensions, les uns se jugeant mal aimés et, à mesure qu'elles vieillissaient, les filles affirmant des personnalités parfois autoritaires; mes frères et moi, en comparaison, vivant d'une vie sans espérance. Mais cette fusion des contraintes, sous l'œil bienveillant et ironique de maman, avait un peu de la qualité éclatante de l'or. Encore aujourd'hui, tous vivants et bien en vie, lorsque nous nous retrouvons, l'amalgame de nos disparates forme un noyau dur; êtres de solitude que l'amour, parfois, enchaîne. Je n'ai pas vécu en vain dans ce milieu typé. Aussi bien, on me dirait : Vous posséderez le monde, je refuserais, moi dont l'amour de la solitude est le seul ornement.

La myrrhe

J'ai très tôt associé la myrrhe à un liniment, à cause de son odeur pénétrante et aigre. La myrrhe, la guérison et l'espérance. Les Mages, avec leurs cadeaux, étaient comme Goethe, des chercheurs de pierre philosophale, des sorciers à leur façon, alchimistes surtout, qui pouvaient faire apparaître anges et démons. Ils s'adressent à Hérode, lui-même féru des secrets de la nature. Ils parlaient sûrement par énigmes, s'entretenaient dans ce langage avec les Puissances. Elles les prévinrent de n'accorder au roi que la confiance qu'il méritait : aucune. Ils tournèrent le dos à Jérusalem, fidèles à leur étoile et laissèrent Hérode bien dépité, lui descendant de Salomon, qui rédigea le premier manuel de sorcellerie. La sagesse de Salomon suscitait l'admiration du monde entier. Le miroir de la mémoire des peuples reflète toujours ses traits.

La myrrhe est, dans cette continuité de l'ésotérisme, le symbole de l'immortalité. Un homme sain ne devrait jamais mourir. Les Mages offrent à Jésus un élixir de longue vie et Lui sait qu'Il mourra, car ceci est écrit dans des livres qui sont fermés aux plus sages. Dans ses écrits, Salomon avait traité du balsamier, d'où est tirée la myrrhe, cette panacée des Anciens.

Comme tous les humains, nous vivions dans la crainte de mourir. Les médecins occupaient une grande place dans nos vies. Non pas qu'ils vinssent à la maison. Nous n'étions pour ainsi dire jamais malades. Lorsque mon père le fut, il mourut. Cela dura une heure. Le Dr Horace Paiement habitait en face, il n'eut qu'à traverser la rue. Une angine. Il redescendit au salon. Maman et lui causaient à voix basse au coin du feu lorsqu'ils virent apparaître papa, en robe de chambre, qui, tout seul en haut, avait peur. Il avait 54 ans. Le docteur lui intima l'ordre de remonter et dit à maman : — Il n'en reviendra pas. En effet, en moins d'une heure il avait trépassé, en s'arcboutant au lit, au matelas, au sommier, dans la douleur de mourir. Reviendrai-je donc toujours à cette première image ? C'était en mars alors que dans l'air, parfois, pendant trois secondes on décèle un frémissement, une brisure de l'hiver, l'annonce d'un parfum.

L'encens

Il monte aux narines. On l'utilisait au Moyen Âge pour chasser les mauvaises odeurs, éventer les miasmes. Les Rois mages sont bien terre-à-terre avec leurs astres et leurs pressentiments. Melchior, Balthazar et Gaspard, noms qui sont restés dans la langue. J'aimais d'abord leurs chameaux. Des dromadaires, la bosse bien en évidence, heureux dans la course. J'imaginais le désert d'autrefois, à partir de photos grisâtres. En novembre, je me posais la question : où sont-ils en ce moment? C'était un jeu, où se complaisait mon amour de la géographie. Il n'en reste pas moins que la lecture de l'Évangile, chaque dimanche, enrichissait ce trésor imaginaire, par la présence d'un paysage, des murailles des villes, de la sécheresse du sol, de la révélation, soudain, de l'ombre d'un palmier sur le sable, des odeurs inconnues (que respirait l'ânesse des Rameaux?) — et cet univers de femmes au centre duquel se meut Jésus devenu grand. S'il n'y avait pas eu l'encens, je n'aurais pas eu ces rêves. C'est lui qui m'enveloppait d'exotisme, l'or et la myrrhe n'étant qu'abstractions. L'or, après tout, était un proche parent des additions, soustractions, multiplications et divisions qui m'embêtaient chaque jour prodigieusement; la myrrhe, sous forme de remède, payait son tribut à la douleur. Seul l'encens échappait à la tristesse d'être. Il était nuage et rêve. Mon esprit vivait en lui.

À la grand-messe du dimanche, le prêtre et son encensoir ne venaient pas jusqu'à nous. Le célébrant descendait les marches du chœur, se redressait devant la sainte table et, le front haut, brandissait l'encensoir. Quel bel objet! Il brillait de son argent sur les vêtements dorés du prêtre, au bout d'une longue chaîne, que l'encenseur repliait en deux afin de tenir l'encensoir; dans un premier temps, le plus près possible de sa poitrine (et son visage disparaissait dans la masse pesante et grisâtre, et pourtant transparente, des volutes), l'encensoir peu à peu prenait son envol et brillait, à droite, à gauche, et devant, projetant depuis la carapace trouée de son vaisseau la lueur rouge de son feu intérieur. Nous tenions nos têtes baissées, les mains croisées, la nuque obéissante. Dieu était là et lorsque le prêtre, nous tournant le dos, montait les deux marches qui menaient à l'autel, il laissait derrière lui cette présence symbolique où nous trouvions une sorte de consolation. La vieille personne qui occupait le banc en face du nôtre partageait avec Mallarmé une mauvaise odeur foncière; lorsque enfant, je refusais de prendre mon bain et rechignais devant l'eau chaude qui fleurait pourtant bon le savon Baby's Own, mes sœurs, dont c'était l'une des tâches rituelles que cette plongée lustrale, m'enjoignaient de faire bonne figure et, m'arrachant mon peignoir, me précipitaient, victime hurlante, dans l'eau chaude en riant et en chantant: «C'est la "vieille Piché" qui ne veut pas se laver!» Aussi, lorsque l'odeur de l'encens, en une traînée faiblarde, parvenait jusqu'à nous, nous échangions regards et sourires par lesquels nous stigmatisions les mauvaises et mallarméennes habitudes de notre voisine. Le pouvoir de l'encens, qui plongeait dans une éternité insaisissable, sans passé et sans avenir, se trouvait soudain à portée des narines et la gomme en fusion, venue de l'Arabia Felix

162

nous faisait un instant oublier l'odoriférante vieille Piché.

Ma grand-mère maternelle avait deux points de comparaison ; lorsqu'une chose avait bon goût, elle la comparaît à l'amande ; quelque chose la troublait-elle qu'elle invoquait la gomme arabique. Cette gomme arabique omniprésente, était-ce l'encens ? Je ne savais pas alors à quel point l'Arabie, les Arabes me deviendraient chers : leur fierté, leurs chansons, l'humiliation d'être que leur inflige le monde moderne, la subtilité et la richesse de leur langue, la beauté indescriptible des terres qu'ils habitent. Le jeu de la vie a voulu que j'abatte mes cartes au milieu d'eux. L'encens, qui nous venait d'Arabie, dont je remplissais mes narines, préfigurait-il cette osmose ? Aimer les Arabes, c'est répondre à un appel venu du fin fond de l'Histoire. Rien, dans les enfances de Massignon ou de Monteil, ne les prédisposait à consacrer leurs vies aux mystères sacrés de Mahomet. Pourtant, lorsque leur nom a retenti, ils se sont levés. J'ai abordé trop tard à ces rivages pour que leurs sables me brûlent les pieds ; je reste l'étranger aux sandales neuves et luisantes. Mais je suis descendu, du bateau fragile de l'existence, sur cette terre sèche que dominent des oasis troublantes. J'y ai trouvé la souveraine exaltation de mon âme. À cette transhumance, qui dira si l'encens et la gomme arabique ne m'avaient pas préparé.

Lieux de culte et de prière

Notre église, au nom du Sacré-Cœur de Jésus, se dressait sur un promontoire. Elle était de pierres et son toit de fer blanc brillait au soleil. Pour accéder à la nef, il fallait monter une trentaine de marches. De chaque côté, une rangée de piliers lui donnait grand air. Au fond, le maître-autel s'élevait presque jusqu'au ciel, avec ses statues, son tabernacle doré, ses fleurs et ses lumignons. Devant lui, au bout d'une chaîne, dans un vase rouge, brûlait le lampion de l'adoration perpétuelle. Au fond de l'église, comme autour du chœur, deux jubés. Celui qui entourait le chœur était mal fréquenté, la plupart du temps, vide. Des voyous s'y retrouvaient le dimanche. Pendant le déroulement de la messe, ils jaugeaient les paroissiens, en silence. Ils descendaient communier et nous les observions faire leur action de grâces, tête rentrée dans les épaules, mine sévère et les bras croisés. Du véritable jubé nous parvenaient des voix connues, qu'accompagnaient les grandes orgues du Casavant paroissial. C'était souvent pitoyable. Parfois, en plein cantique, l'organiste arrêtait sec, incapable de suivre le texte. Les chanteurs continuaient, habitués à ces ruptures. Elle, le doigt sur la portée, cherchait la note de la main gauche et, l'ayant trouvée, reprenait la ligne mélodique comme si de rien n'était. Longtemps j'ai cru qu'on accompagnait toujours ainsi, à l'orgue.

Je n'aimais ni le mois de Marie, ni le premier vendredi du mois, ni aucun de ces jours où on m'obligeait à me lever plus tôt que d'habitude, à m'habiller en vitesse, à me précipiter à l'église ventre à terre, et vide, pour la communion. J'ai eu, très tôt dans mon enfance, le sentiment d'être toujours en état de péché — et, puisque j'y étais, j'en rajoutais ; j'étais en état de péché mortel. Je portais le fardeau adamique des ancêtres. Mes épaules étaient moins frêles qu'il n'y paraissait, puisque le poids ne m'écrasait pas. Même, je le supportais avec allégresse, bien que tremblant. Je me disais : Et si je mourais aujourd'hui, à cette heure, à l'instant même ? Où irais-je ? Bien sûr, en enfer. Je méprisais le purgatoire, qui me paraissait indigne de mes péchés imaginaires.

Je priais peu et, encore, du bout des lèvres. Le Coran parle d'un Signe. Je n'en étais pas marqué ou je me l'interdisais. Ma famille ne me poussait pas à la piété. Maman priait, mais elle était la seule et je ne sache pas qu'elle nous ait jamais entraînés sur la voie du Pur Amour. Dans la famille, nous ne comptions pas de prêtre, peu de religieuses et rien n'indiquait que l'un d'entre nous allait incessamment remplir ce vide. Dans la maison, je ne me souviens d'aucun crucifix. Peut-être dans la chambre de mes parents (sans doute, même) y en avait-il un. Là où nous nous tenions, pas de Christ, ni en croix, ni sous forme de gravure. Dieu habitait l'église ; nous, nous habitions chez nous. Peut-être avions-nous conservé, mieux que d'autres, le vieux fonds de scepticisme que nos ancêtres avaient apporté de France et que les suites de la rébellion de 1837 avaient arraché comme étant ivraie. Et puis, nous étions originaires de Montebello où avait régné en maître Louis-Joseph Papineau, incroyant notoire. Dans ma famille, cette incroyance était un fait acquis. Ma grand-mère elle-même ne se lamentait pas. Nous allions jusqu'à trouver qu'il y avait, dans le catholicisme trop ardemment proféré d'un Henri Bourassa, une pointe de vulgarité. Notre religion ne masquait pas sa pudeur. Pour tout dire, nous croyions en Dieu; nous l'adorions. L'amour, c'est autre chose.

Il n'y avait donc pas d'oratoire dans notre maison. Ni oratoire, ni manifestations extérieures de notre foi. La politique nous dévorait, non la religion. Le Parti conservateur, ou Mgr Scollard, jouaient, à tour de rôle, les Satans; le Parti libéral était une adoration polythéiste. Nous vivions repliés sur nous-mêmes. Le Dieu vengeur s'était vengé en faisant de nous des Canadiens français, à qui on enlevait, peu à peu, jusqu'à leur nom. Nous voyions notre histoire s'amenuiser sous nos yeux. Que Dieu serait-il venu faire dans cette galère? Nous le tenions en réserve, avec sagesse, pour nos fins dernières. Je suis plus près de Dieu aujourd'hui, par la réflexion, que je ne l'étais, enfant, par le sentiment. Mais peut-être suis-je aussi plus près de mes fins dernières.

Inventaire monumental

À part notre église, je ne connaissais aucun monument. Nous avions un livre Hachette intitulé *Merveilles de la France*. J'y voyais des cathédrales et des palais. Mon imaginaire s'est formé d'abord autour d'œuvres dont l'entrée m'était interdite et s'est trouvée réduite à notre église et au cimetière, dont la croix se dressait entre notre ville et le lac Nipissing comme le rappel d'une réalité inéluctable. Je savais que dans de grandes villes, comme Ottawa ou Montréal, on trouvait des cathédrales, des musées, une architecture civile; je devinais qu'un jour je verrais cela de près. Mais, pour l'essentiel, mon enfance s'est déroulée loin de ce sentiment de grandeur qui vient de la nef d'une cathédrale, de sa décoration, de la certitude de sa durée. Je n'ai connu ce sentiment que devant l'immensité de notre lac. Mais l'homme n'y avait aucune part. Et Dieu était, par définition, éternel. J'ai donc vécu mon enfance loin de la majestueuse ordonnance des pierres, au cœur fragile d'une petite ville, dans une plaine, près d'un lac, et cet univers étale symbolisait ma vie monotone à l'infini. Comment échapper à cette monotonie?

Il n'en était pas question, chaque jour, malgré sa provende personnelle, ressemblant au précédent. Prisonnier du bonheur de l'enfance, j'échappais aux lois du temps et de l'espace. Mon regard, sauf par l'imagination, ne voyait pas plus loin que le jardin familial, la rue Lévesque, la maison de ma tante, l'église, l'école. J'entendais des prédicateurs nous parler de la Chine. Il y avait, dans notre ville, un nettoyeur chinois. Comment aurais-je pu faire le lien entre ce hère et l'immensité du loess? À Sudbury, Claudel et le jésuite Hauser me feront découvrir la littérature chinoise, attiseront en moi le feu chinois, qui brûle encore aujourd'hui mon cœur. L'enfant polymorphe que j'étais portait dans le secret de ses rêves inconscients, la France, la Chine et l'Arabie pétrée, ces trois azimuts auxquels, pour faire bonne mesure, j'ajoute le Ciel. Est-ce assez? Mon ennui ne se savait pas baudelairien. Il l'était et je courais comme un chien fou de par la ville, pour le perdre. Mon caractère, qui commençait à se préciser, dévoilait des arêtes, l'orgueil, l'à-quoi-bon, le désenchantement facile, l'amour des mots, la sévérité du jugement, le pharisaïsme, la paresse. J'avais maîtrisé l'art, que j'ai conservé, de disparaître. Parce qu'elle me voyait peu, ma famille m'aimait. Mon vrai destin est d'être caché. Mais je savais que la vie, qui n'est pas pressée, m'attendait. Elle viendrait vers moi, voilée. Son attribut serait un livre. Arrivés en face l'un de l'autre, elle se dévoilerait. Je verrais un visage sans traits et c'est moi qui, au fil des ans, devrais modeler cette tête. Je m'y emploie. Je ne la reverrai qu'au dernier de mes jours. La trouverai-je belle?

XII

Cependant, j'avançais en âge, enfant léger et sévère, orphelin de père, soucieux, déjà, de l'économie de son discours et cependant intarissable de paroles. Je grandissais. Mes dents me faisaient souffrir et je vivais dans la crainte de l'appendicite. À l'école, les religieuses me prédisaient des réussites qui ne venaient jamais. Sous prétexte que je connaissais d'instinct l'orthographe, que j'aimais le dictionnaire, que j'avais horreur des blasphèmes et des gros mots, que j'étais poli parce que paresseux (ou trop paresseux pour me donner la peine d'être grossier), on me choyait. J'avais des camarades, mes cousines et leurs amies improvisaient des soirées de théâtre où des rapts d'enfants figuraient en bonne place ; je passais mes étés à lire au bord du lac Nipissing ou à regarder vivre mes frères et sœurs, source inépuisable d'enseignements dont je retrouve les prolongements aujourd'hui encore. Ma mère m'aimait et souhaitait ardemment me voir devenir, un jour, avocat dans notre ville ; ou écrivain ; ou les deux à la fois. Chose certaine, je me suis tenu loin des cléricatures. Écrivain ? Je le deviens chaque jour. Je lui rendais son amour, elle et moi nerveux l'un devant l'autre.

Maman se désespérait. Mes frères et sœurs avaient peu à peu quitté la maison, qui pour se marier, qui pour entreprendre seul la longue marche de la vie. Notre maison, grande et vide, coûtait cher.

169

Ma mère ne se connaissait pas le courage de la vendre et l'argent filait. Elle se sentait envers moi une obligation, moi le dernier-né, dont le droit à l'éducation était indubitable à ses yeux. Il n'était pas question d'école secondaire anglaise. Elle s'éveillait tôt le matin afin de réfléchir à mon avenir. Que faire ? Je grandissais, le temps passait, je changeais de nature et du jeune mâle, je devenais l'évidence. Il n'y avait pas à dire, j'étais bien là. Moi-même, je n'aurais pas aimé que l'une de mes sœurs payât mes études. Je les connaissais assez, rieuses, mais louves rieuses, pour tenter, par tous les moyens, d'éviter leurs récriminations, qui m'auraient poursuivi jusqu'au jour de ma mort, ou de la leur. L'impasse se rapprochait. Vite, je me trouvai en septième année ; en huitième. L'an prochain à Jérusalem.

Ce fut Robert Gauthier qui me sauva. Après avoir été professeur, puis fonctionnaire au ministère de l'Éducation, chargé de l'enseignement français, Robert Gauthier était devenu grand manitou de l'enseignement dans notre province. Il n'ignorait aucun détour de ce sérail qui était aussi, comme il se doit, un coupe-gorge. Le dynamisme et l'intelligence manœuvrière de Robert Gauthier, au demeurant homme séduisant et, qualité essentielle, « parfaitement bilingue », avaient fait de lui un personnage indispensable parmi les acteurs de notre psychodrame collectif. Cet homme habile eut, en 1937, l'idée d'organiser, dans les écoles dites bilingues, en l'espèce, françaises, un grand concours de français. Son but était de rendre plus intéressant l'enseignement du français, en utilisant, d'une école à l'autre, l'aiguillon de la victoire. Quelle école, dans l'Ontario francophone, produirait le vainqueur? Ce serait, bien sûr, nul n'en doutait, à commencer par Robert Gauthier lui-même, un élève d'Ottawa, «de l'école Garneau» ajoutaient les connaisseurs. Dans cette école se formaient les cracks dans toutes les matières, ceux qui remplissaient les officines d'Ottawa, les fonctionnaires qui peuplaient l'élégante Sandy Hill. Nous, dans notre petite ville, regardions ébahis vers ces hautes sphères de l'esprit. Parfois, pendant les vacances, guidés par leur mentor musicien, Joseph Beaulieu, certains de ces jeunes phénomènes s'arrêtaient au milieu de nous et interprétaient cantiques et chansons populaires tirés des trésors de l'abbé Gadbois. Nous admirions ces gosiers destinés à la Chambre. Répondaient-ils à nos espérances? Ils repartaient, dignes, vers l'avenir outaouais.

La première place étant attribuée d'office, restait la seconde. Maman et les religieuses qui m'enseignaient, me voyaient déjà couronné de ce myrte d'occasion. Je ne pensais à rien sinon au plaisir que j'aurais d'aller me produire sur les planches de l'Académie Jean-Baptiste-de-la-Salle, où se déroulait la cérémonie de clôture. Dans ma ville, et dans l'inspection scolaire, on ne me connaissait aucun rival. Je me présentai aux différentes épreuves. À celle de composition française, les jurés exigèrent une reprise à huis-clos, persuadés que j'avais eu connaissance préalable du sujet. Ces gens devaient avoir peu lu pour qu'une narration écrite par un enfant de onze ans leur parût à ce point estimable. Cet affront me blessa fort. Le sujet, sous enveloppe, fut lu aux concurrents qui se mirent à l'œuvre. Je l'emportai de nouveau, avec maman qui triomphait et se moquait ouvertement des mauvais coucheurs qui avaient exigé cette reprise.

Les prix de ce premier concours étaient prodigieux. Le jeune outaouais vainqueur aurait droit à un cours classique, offert en son entier, huit ans d'études, des éléments latins au baccalauréat, par les pères Jésuites du Collège de Sudbury. Son émule, le brillant second, serait, pendant quatre ans, élève à l'Université d'Ottawa. Je me voyais dans la grande ville, descendant l'escalier de l'Université, entre les colonnes de style dorique. Dans son for intérieur, ma mère maudissait le sort qui faisait pencher sa balance si fort du côté de l'École Garneau. Les religieuses, qui avaient d'Ottawa des nouvelles fraîches, car les Filles de la Sagesse enseignaient aussi là-bas, me faisaient travailler ferme ; dictées, narrations, analyse logique. J'y prenais goût. Pour la première fois de ma vie, on me préparait à franchir un obstacle, entouré de rivaux, tout aussi bien dressés que moi. Mais le poulain gagne, qui respire le danger, sait l'affronter ou le contourner, utiliser sa force dans son ampleur totale, fumer des naseaux, percer du regard, prendre son élan sans fléchir, aimer l'obstacle avec violence. Je sentais en moi cette nervosité sereine qui est le gage suprême de la réussite dans un ordre.

Sœur Alfred de la Sagesse était, on le sait, grande, mince, très belle. Son sourire avait un je ne sais quoi d'angélique et d'ironique, plus beau que celui de l'Ange de Reims, délicat comme celui de la Joconde. Elle me guida dans la préparation de ce concours, avec une intelligence éclairée. Mon instinct littéraire, plus sûr que celui de ces religieuses naïves, se dressa contre le long poème qu'elles me firent répéter et qui constituait la dernière épreuve du concours. Je devais le réciter, le soir de la remise des prix, devant un auditoire choisi, présidé par le ministre de France, comte de Dampierre. Ce poème, qui relatait un épisode apocryphe de la vie de l'apôtre, s'intitulait: *Les cerises de saint Pierre*. J'en fis l'essai sur un groupe de camarades dont certains, plus âgés, firent des gorges chaudes et transformèrent les cerises du premier pape en un mot de passe dont l'équivoque m'échappait mais dont je subodorais les intentions salaces. Je réclamai une fable de mon cher La Fontaine; j'avais choisi *Les animaux malades de la peste*. Rien n'y fit. L'innocence des religieuses emporta le morceau. La Fontaine mordit la poussière, emportant les mystères de la vie et j'appris à réciter, avec la gestuelle idoine, l'histoire de la générosité de saint Pierre, de sa soif, des cerises. De quoi pouvais-je bien avoir l'air? Un enfant maigrichon, déguisé en élève d'Eton, l'air intelligemment espiègle, timide, récitant d'une voix éclatante cette sottise pseudo-poétique. Mais par-delà les mirages du corps, des apparences, un autre personnage apparaissait (Eins! Zwei! comme dans le *Freischütz* — Drei! Vier! Fünf! et l'écho répond avec la violence du cosmos, prudemment invisible Sechs! — et Sechs! répond l'écho au loin, que reprend la musique, noyant le Sieben! Sept! mon chiffre magique!). Caché, mon vrai moi-même, qui commence à naître. À onze ans, j'avais cette carapace, faite de corps et d'âme, mon armure. Du dehors, elle était infranchissable. Au dedans, translucide et par cette membrane, mon nouveau moi prenait connaissance du monde extérieur, s'habituait à lui, en décelait les contours.

Aux *Cerises de saint Pierre* répondait du fond de moi-même : La Fontaine ! C'était mon second moi qui tentait une incursion dans le monde idiot des adultes. Je rentrai vite dans mon coquillage, perle à moi-même. Et je parlais pour masquer mon silence.

Les grands jours vinrent. Je courais de joie dans la maison, à l'idée que j'allais partir, voir enfin une grande ville de mes propres yeux. Je devais faire ce voyage avec l'inspecteur Charron, dans sa voiture. À Ottawa m'attendait ma sœur Jacqueline, pensionnaire rue Rideau, qui m'amènerait chez une lointaine cousine, Mme Richer, où je logerais. Le voyage se fit sans encombre. Je dormis. Le lendemain, ma sœur me fit visiter la capitale. Je découvris un vaste bourg, une cathédrale qui ressemblait, en plus prétentieux, à notre église, des rues interminables, bordées d'arbres ; en un mot, ma ville répétée presque à l'infini. J'admirai l'Université d'Ottawa où, bon deuxième, j'irais faire mes quatre années de cours secondaire. Ne me reste de ce séjour de touriste qu'un vague souvenir d'enfant déçu qui avait cru que le gâteau serait plus beau. Mais je n'ai pas oublié l'odeur de la maison de Mme Richer, faite de cire, de propreté, d'emmitouflement, le grand escalier qui menait aux chambres et mon sommeil dans un lit étranger. J'attendais maman et les épreuves. Elle arriva par le train ; elles commencèrent par une dictée.

J'étais fort en tout, certains étaient plus forts que moi en une matière. Cette dispersion chez les autres donnait du corps à mon unité. Dictée, composition française, grammaire, tout y passa, pendant deux jours. Nous étions vingt candidats, des enfants, garçons et filles. Ce concours avait quelque chose d'amical, de chaleureux. C'est ainsi que doivent se comporter des chiots dans un chenil. L'un deux (mais pas nécessairement le plus fort) mène le train, parce qu'il a un tour particulier. Nous ne devions connaître les résultats qu'à la fin du grand soir, après les «récitations». M. Sylvestre a fait paraître un petit livre[1] sur ces concours de français; car, il y en eut plusieurs, qui allèrent se dégradant, en sorte qu'il ne resta, dans l'imagination populaire franco-ontarienne (ou ontaroise) qu'un seul concours de français: le mien. Je ne revis ma mère et ma sœur qu'en fin d'après-midi, chez notre cousine, toutes deux fières de moi, ma sœur projetant d'autres visites à Ottawa, l'automne suivant, lorsque je serais élève-boursier à l'université. «Nous irons à la Ferme expérimentale» — disait-elle, en guise de promesse mirifique. J'imaginais la Ferme expérimentale comme le château de la Belle-au-bois-dormant rempli de jeunes filles, ma sœur et ses amies. J'acquiesçais.

On m'habilla comme je devais l'être, culotte courte et veste bleu marine, demi-bas blancs, escarpins noirs et surtout, ô surtout! le col Eton et l'énorme lavallière noire qui me donnait l'air de sortir d'un film sans âge. Cet ensemble m'allait fort bien, car c'était mon costume du dimanche et je le portais avec un naturel qui le rendait plausible. On me prenait pour un Puck endimanché et c'est ce que j'étais. À mes côtés, mes camarades, pantalon gris et blazer à écusson, cravate, faisaient étriqué. Je me rendis à la salle des fêtes de l'Académie Jean-

---

1   Paul-François Sylvestre, *Le concours de français*, Sudbury, Éditions Prise-de-Parole, 1988.

Baptiste-de-la-Salle en compagnie de ma mère et de ma sœur. Elles prirent place à gauche, au deuxième rang. J'allai retrouver les hoplites au premier rang, à droite, sous l'escalier qui menait à la scène. J'étais à côté d'un garçon très sympathique, sportif d'allure, l'air ouvert, originaire de Windsor. Il me couvait du regard.

La salle était archi-comble, sur laquelle régnait M. Robert Gauthier, qui portait un pince-nez; le ministre de France (sans la comtesse) présidait. Il y eut des discours et des «Excellence» qui firent battre les cœurs. M. Robert Gauthier avait maîtrisé l'art de chauffer une salle. Le comte de Dampierre lui-même, à la fin de la soirée, parut presque ému. Les membres du jury siégeaient à ses côtés. Ils représentaient l'intelligentsia administrative franco-ontarienne, attachés à la langue française, la défendant avec ferveur, tentant par tous les moyens dont ils disposaient, d'étendre son champ. En face d'eux, à chaque tournant, ils trouvaient l'administration ontarienne, le racisme invétéré sous sa forme anglo-saxonne, si subtile, qui repose sur la notion de «fair-play» à sens unique et toujours, la hiérarchie catholique, le trio diabolique Fallon — Scollard — Dignan. Peu d'hommes sur terre ont mieux connu que ces quelques Franco-Ontariens la définition du mot «compromis». Leur rôle était de sauver les meubles. Mieux encore, ils empêchaient la maison de s'écrouler. Je ne pense jamais à ces obscurs lutteurs sans admiration, ni tendresse.

De ma place, si je tournais la tête légèrement vers la gauche, je pouvais voir maman. Comment était-elle? Quelle angoisse l'étreignait? Elle avait ma sœur Jacqueline à ses côtés. Pensait-elle à sa sœur à elle, à sa mère, qu'elle avait laissées dans notre ville, qui attendaient la nouvelle de mon triomphe ou de mon échec? Priait-elle? Je suis sûr qu'elle était mise sur son trente-et-un, elle toujours élégante et digne, si parfaite dès lors qu'il s'agissait de paraître, elle qui, d'un sourire ou d'un haussement de sourcils, en imposait, elle qui savait toujours dire ce qu'il fallait, personnage littéralement régalien, digne de la cour de Charlemagne. Du coin de l'œil, je la regardais, devinant tout cela. Ô maman, vous décevrai-je tout à l'heure? Remplirai-je votre cœur de joie?

J'entendais les autres, sans les écouter. Le favori monta sur la scène et récita un long poème qui mettait en scène le roi des Belges, Albert le héros. La salle vibra intensément et moi-même, pourtant dès lors sûr de mon échec, je pleurai presque, tant l'art était consommé. Comme il est facile de perdre l'espoir! Pourtant, mon voisin, le sympathique rigolard du sud, qui n'avait jamais prétendu l'emporter, me poussa du coude et me dit: C'est toi le gagnant! — Je souris bêtement, car je venais de perdre. À quoi bon? me disais-je et j'étais comme prostré. Dans le silence fatigué de cette fin de soirée, je m'entendis appeler. Bonne bête de concours, je me redressai, repris en main les rênes de mon énergie et montai les quelques marches qui menaient à la scène. Vite, devant moi, le fauve multiforme, des visages connus, celui de M. Robert Gauthier, l'air aristocratique et las du comte de Dampierre, la salle qui m'attendait au tournant.

Inutile de préciser que les cerises de saint Pierre n'avaient aucun secret pour moi. Pendant des mois, je les avais triturées, soupesées, mâchouillées, avalées et dégluties. Ma voix était claire et pure. Elle portait naturellement loin. J'étais déguisé en petit lord anglais et mes genoux, comme mon visage, brillaient de propreté. On reconnaissait en moi l'orphelin choyé. Je n'aimais pas le texte que je récitais. Je le dis donc comme en retrait, comme une confidence apostolique, cherchant à lui enlever son caractère ridicule ; ce saint viril, fondateur d'une Église, qui s'amuse à distribuer des cerises aux pauvres ! Je racontai cette histoire comme s'il s'était agi d'un péché de jeunesse. On m'écouta dans un silence perplexe. Mes auditeurs se trouvaient dans la situation d'avoir raté le côté amusant d'une anecdote. Ils m'applaudirent sans savoir pourquoi, mais sûrs que je m'étais tiré d'affaire. Pour moi, j'étais assez fier, car je n'avais trahi ni sœur Alfred, ni La Fontaine, auquel on avait préféré Zevaco (Michel). Je rejoignis mes camarades et attendis le verdict. Tout était consommé.

Nous parlions entre nous, avec, en arrière-plan, le rêve de la victoire. J'échangeai un sourire avec mon supporteur. Au cours d'un silence, je sentis tous les regards sur moi et je sus alors, de science certaine, que j'avais gagné. J'évitai de tourner les yeux vers l'endroit où maman était assise, de peur de me mettre le sort à dos. Une tristesse s'abattit sur moi et j'éprouvai le sentiment de mon indignité. Je devinai ce que serait ma vie, au milieu des livres et des tensions nées du côté erratique de mon tempérament. Refuser ? Comment s'y prendre ? L'idée m'en vint, noyée aussitôt sous un flot de craintes ataviques. Je me sentais écrasé par le sort et regrettai amèrement d'avoir appris si tôt à lire, à aimer le livre-objet. Je me jurai qu'on ne m'y reprendrait plus. J'ai attendu plus de vingt ans pour rompre ce vœu et accepter le fardeau de l'écriture et de l'étude du genre humain. J'ai vécu là quelques instants de vive concentration intérieure, qui ont marqué ma vie. Aujourd'hui, l'Académie La Salle est devenue un quelconque ministère ; retapée, elle affiche, aux côtés de la cathédrale d'Ottawa, une nouvelle jeunesse. Parfois, au cours d'une visite, je longe ce bâtiment de pierre grise, coiffé de son clocher à la hollandaise. Des bouffées de mon enfance me montent aux narines. Je revois cette salle pleine à craquer, le comte de Dampierre, maman. J'entends la voix du président du jury qui nomme, les uns après les autres, les premiers prix : élocution, dictée, composition. Enfin, les vrais gagnants du concours, le second et ce n'est pas moi. Le premier ! J'entends mon nom. J'hésite. On me pousse. Je m'avance. Le président me serre les mains. Le comte m'embrasse. On applaudit. Il y a des voix, le murmure de la foule, la surprise, le bruit des chaises. Je regarde la salle. En face de moi, à ma droite, maman est debout. Je vais vers elle. Nous étouffons tous deux de joie et de pudeur. C'est à ce moment précis que je me suis dépouillé de ce qui, en moi, était de l'enfant.

Achevé d'imprimer
en septembre 1989 sur les presses
des Ateliers Graphiques Marc Veilleux Inc.
Cap-Saint-Ignace, Qué.